Análise comentada
A Poesia Lírica Camoniana

Professor Jorge Miguel

200
Questões
com Respostas

www.dvseditora.com.br
São Paulo, 2014

Análise comentada
A Poesia Lírica Camoniana

Copyright© DVS Editora 2014
Todos os direitos para a língua portuguesa reservados pela editora.

Nenhuma parte dessa publicação poderá ser reproduzida, guardada pelo sistema "retrieval" ou transmitida de qualquer modo ou por qualquer outro meio, seja este eletrônico, mecânico, de fotocópia, de gravação, ou outros, sem prévia autorização, por escrito, da editora.

Produção Gráfica, Diagramação: Spazio Publicidade e Propaganda

```
Dados Internacionais de Catalogação na Publicação (CIP)
       (Câmara Brasileira do Livro, SP, Brasil)

    Miguel, Jorge
       Análise comentada : a poesia lírica camoniana /
    Jorge Miguel. -- 1. ed. -- São Paulo : DVS
    Editora, 2014.

       ISBN 978-85-88329-66-9

       1. Camões, Luís de, 1524?-1580 - Crítica e
    interpretação 2. Literatura portuguesa 3. Poesia
    lírica 4. Poesia portuguesa I. Título.

14-11976                                        CDD-869.1
             Índices para catálogo sistemático:

    1. Obra camoniana : Poesia lírica : Crítica e
          interpretação : Literatura portuguesa    869.1
```

Dedicatória

Aos meus netos Jorge Augusto e Maurício, dedico esta obra. É preciso que fiquem sabendo que todo poeta é um revolucionário. Entende-se, aqui, revolucionário como aquele que aponta os caminhos para a alteração profunda nos costumes, nas ideias, nas opiniões dos povos e da humanidade. O poeta é insubmisso e inovador. Quando adultos, entenderão os versos de Florbela Espanca:

Ser poeta é ser mais alto, é ser maior
Do que os homens! Morder como quem beija!
É ser mendigo e dar como quem seja
Rei do Reino de Aquém e de Além – Dor!
É ter cá dentro um astro que flameja;
É ter garras e asas de condor!

Ler poesia é a parte mais considerável da felicidade. Que leiam poesias e sejam felizes como seu avô nunca deixou de ser.

Jorge Miguel

Prefácio

Por que ler Camões?

Italo Calvino provoca-nos com a mesma pergunta em seu célebre ensaio, apenas de modo mais abrangente: por que ler os clássicos? Não por acaso, a indagação serve-lhe também de título: na verdade, ela é mais importante que qualquer resposta que se tente dar.

E de fato, o belo texto de Calvino são especulações, sugestões. O escritor demora-se em tentar estabelecer o que seja um clássico, propondo alguns critérios úteis, às vezes complementares, mas sempre insuficientes. Serão clássicos os livros que sempre se relêem ou aqueles cuja primeira leitura é o maior trunfo de quem ainda não os leu? Podem-se considerar clássicos todos os livros que ainda hoje não disseram tudo o que poderiam ter dito? É válida a ideia de "livro total?", no devaneio de Mallarmé? Que dizer de livros que não são feitos de atualidades, mas delas estranhamente não podem prescindir? O justo desfecho do ensaio basta-se na resposta que deu Sócrates a quem, vendo o filósofo morrer envenenado, quis saber por que este ainda teimava em aprender uma ária na flauta: "Para aprender esta ária antes de morrer", explicou-se.

Mesmo quando falamos do grande poeta lusitano, é natural que a pergunta de Calvino ecoe. Afinal, o "cedro desmedido da pequena floresta portuguesa" – para usar o invulgar epíteto que lhe atribuiu o conterrâneo Miguel Torga – legou-nos uma obra que a princípio nos parece distante e um tanto difícil, quiçá porque apartada de nossa realidade cotidiana e do português que usamos quase cinco séculos depois de ter vivido o autor. Camões é-nos, antes de tudo, o escritor da Épica, gênero literário ligado à aurora das nações e do qual a própria História cuidou de destituí-lo de condições materiais de produção.

Todavia, se nos resta alguma tenacidade, passemos então a imaginar por que, entre tantos outros textos que se perderam no tempo, muitos daqueles de Camões, como de Homero e Shakespeare, foram preservados geração após geração e até hoje são ensinados e transmitidos. Terá sido por algum capricho da História? Sim, nalguma medida pode até tê-lo sido (e aqui pensamos também no naufrágio de que se teria salvado o poeta português, abraçado ao único exemplar d'*Os Lusíadas*), mas decerto o simples acaso é pouco, muito pouco para explicar a permanência de uma obra artística por séculos em um dado repertório cultural. Quantos incêndios, terremotos, inundações já não terão ameaçado preciosos escritos? E quantos outros não sucumbiram à falta de conservação, a velhas estantes empoeiradas, porões úmidos e deliberadas fogueiras?

Se essa constatação sobre a espantosa perenidade dos clássicos não nos convence a ler Camões, talvez devamos refletir sobre nosso demasiado amor pela utilidade das coisas. A esta altura, alguns já deturparam aquela indagação com que este prefácio se abriu e, despudoradamente, perguntam-se: *para que* ler Camões? Não há mesmo que ver culpa nisso, pois em nossa época quase tudo se mede por seu uso. As coisas são avaliadas conforme possam ser consumidas ou substituídas; nada parece ser destinado à permanência. No campo das artes, que é o que nos interessa, tem-se procurado a recompensa fácil do entretenimento fugaz e destrutivo, quando não se almeja simplesmente adquirir a erudição exibida e tola que Hannah Arendt atribuiu a uma espécie de "filisteísmo educado"...

Não, em algum momento é preciso parar de procurar por uma resposta e começar a ler. Ler é a resposta. Vejamos como Camões nos mostra uma qualidade da palavra que é, por estar acima da própria palavra, inefável. Compreendamos como o poeta erigiu um discurso que tão bem captou as tensões e contradições de um tempo em que nossa modernidade começava a forjar-se. Resgatemos os ideais da Antigüidade Clássica sem nos esquecer de tudo o que a ela sobreveio. Avaliemos em que medida as inquietações e atribulações de outrora continuam atuais e, sobretudo, lembremo-nos do peso de nossa própria existência num mundo desconcertado.

Ler, estava certo Calvino, é melhor que não ler.

É bem esse o espírito deste livro a que tenho a honra e a responsabilidade de preceder. Nele, sem a pretensão de dar resposta ao irrespondível, o Professor Jorge Miguel apresenta-nos a poesia lírica camoniana por temas, método adequado ao tratamento literário de uma obra que é, por definição, a projeção da multifacetada experiência humana no plano da arte. Põe-se o autor a analisar poemas selecionados, evidenciando-lhes traços que muitas vezes só avultam aos olhos mais treinados. Mostra-nos como a trilha do grande poeta português foi seguida por tantos outros escritores até os dias de hoje, provando com isso que nenhum discurso é sozinho no tempo e no espaço. Testa, também, nosso discernimento em exercícios que constituem uma saudável forma de estimular a leitura consciente.

Não haverá quem não se encante, por exemplo, com o percurso inusitado do vilancete *Descalça vai pera a fonte*, que de Camões vai ressoar na poesia de Rodrigues Lobo, Antônio Gedeão e mesmo na *Garota de Ipanema* de nosso Vinícius. Ou com o caráter confessional de certos poemas camonianos, em que o sujeito lírico amiúde demonstra sua perplexidade com a desarmonia e a injustiça do meio que o cerca, antecipando reflexões que viriam a dominar tantas literaturas modernas. Isso graças às escolhas e observações felizes do autor deste livro, que igualmente não nos subtrai dos momentos em que Camões parece ser mais trivial, não o sendo. A riqueza de motivos e inspirações da poesia lírica camoniana, tão bem destacada nas páginas que seguem, leva-nos a concordar com Julio Cortázar quando diz que não existem temas bons ou ruins, mas tratamentos melhores ou piores de determinado tema.

"Ninguém que leia Camões e se proponha a refletir sobre sua obra continuará sendo a mesma pessoa", disse-me certa vez o Professor Jorge Miguel. Talvez essa sentença valha mais pelo que nela não pôde caber, isto é, por tudo o que signifique essa transformação pessoal e não seja passível de exprimir diretamente. Da mesma maneira, à indagação de Calvino e, por extensão, à nossa, não há réplica que baste. Só os clássicos falam pelos clássicos; só Camões fala por Camões. É preciso lê-los.

Demerval Ferraz de Arruda Jr.

Índice

Introdução 13

I
A Vida de Camões 19
1 **Era uma vez** Almada Negreiros 22
2 **Quando na alma pesar de tua raça** Manuel Bandeira 26
3 **Camões dirige-se aos seus contemporâneos** Jorge de Sena ... 28
4 **Não tenho versos, cedro desmedido** Miguel Torga 30
5 **Camões, grande Camões, quão semelhante** Bocage 31

II
A Poesia Lírica 39
Sete anos de Pastor Jacó servia Camões 39
1 **Na ribeira do Eufrates assentado** Camões 42
2 **Aquele lascivo e doce passarinho** Camões 44
3 **Enquanto quis Fortuna que tivesse** Camões 46
4 **Quando se vir com água o fogo arder** Camões 47
5 **De quantas graças tinha, a Natureza** Camões 49

III
A Influência dos Cancioneiros Trovadores 54
1 **Verdes são os campos** Camões 54
2 **Perdigão, perdeu a pena** Camões 56
3 **Mote Alheio** Camões 58
4 **Endechas a Bárbara Escrava** Camões 60
5 **Se Helena apartar** Camões 63
Descalça vai pera a fonte Camões 67

Descalça vai para a fonte Rodrigues Lobo.. 73
Poema de Auto-Estrada Antônio Gedeão.. 75
Olha que coisa mais linda Vinicius de Moraes... 77

IV
A Auto-Análise do Sujeito Lírico............80
1 **O dia em que nasci moura e pereça** Camões..............................80
2 **Erros meus, má fortuna, amor ardente** Camões........................83
3 **Males, que contra mim vos conjurastes** Camões.......................86
4 **Em prisões baixas fui um tempo atado** Camões........................87
5 **O Desconcerto do Mundo** Camões..88

V
O Retrato Petrarquista da Mulher................92
1 **Um mover d'olhos, brando e piadoso** Camões............................92
2 **Ondados fios de ouro reluzente** Camões......................................94
3 **Se imaginando só tanta beleza** Camões..96
4 **Qual tem a borboleta por costume** Camões.................................97
5 **Quando o sol encoberto vai mostrando** Camões 98

VI
Os Efeitos Contraditórios do Amor............ 105
1 **Tanto de meu estado me acho incerto** Camões......................... 105
2 **Como quando do mar tempestuoso** Camões............................ 107
3 **Busque amor novas artes, novo engenho** Camões 109
4 **Todo o animal da calma repousava** Camões............................. 110
5 **Amor é fogo que arde sem se ver** Camões................................1112

VII

A Natureza 117
1 O céu, a terra, e vento sossegado Camões.................................. 117
2 A fermosura desta fresca serra Camões................................... 119
3 Num jardim adornado de verdura Camões................................ 121
4 Está-se a Primavera trasladando Camões................................. 122
5 Alegres campos, verdes arvoredos Camões............................. 124

VIII

A Saudade 131
Cantiga sua, Partindo-se João Roiz de Castelo Branco................. 131
Querida, ao pé do leito derradeiro Machado de Assis 132
Ó Virgens que passais, ao Sol-poente Antônio Nobre 132
1 Alma minha gentil, que te partiste Camões.............................. 133
2 Quando de minhas mágoas a comprida Camões..................... 135
3 Cara minha inimiga, em cuja mão Camões............................... 137
4 Doces lembranças da passada glória Camões......................... 139
5 Aquela triste e leda madrugada Camões.................................. 140

IX

A Mudança.. 149
O sol é grande, caem com a calma as aves Sá de Miranda........... 149
1 Mudam-se os tempos, mudam-se as vontades Camões........... 150
2 Já tempo foi que meus olhos folgavam Camões...................... 152
3 Se quando vos perdi, minha esperança Camões..................... 154
4 Se as penas com que Amor tão mal me trata Camões............. 155
5 Oh! Como se me alonga, de ano em ano Camões................... 156

X
A Influência do Neoplatonismo........... 161
1 Transforma-se o amador na cousa amada Camões........... 162
2 Pede-me o desejo, Dama, que vos veja Camões........... 165
3 Em um batel que, com doce meneio Camões........... 167
4 O cisne, quando sente ser chegada Camões........... 168
5 Sete anos de pastor Jacó servia Camões........... 169

Biografia dos poetas citados........... 175
Respostas........... 183
Bibliografia........... 185
Crédito da Fonte........... 189

Introdução

Há quem pense que a palavra é a exteriorização do pensamento. Nada mais falso. A palavra é o próprio pensamento. A ideia e a palavra são como o verso e o reverso da mesma moeda. Impossível conceber a existência de uma face sem a outra. O que não se pode dizer com palavras é impensável. Pensar é querer dizer; saber é poder dizer. O chinês quando pensa, o faz no idioma chinês; o alemão pensa em alemão; o espanhol pensa em espanhol e o brasileiro pensa em português. Imaginemos uma pessoa que não use de qualquer idioma: estará desprovida de qualquer pensamento. Não há possibilidade de pensar sem a linguagem e a palavra é o mais importante instrumento da comunicação. Indizível é sinônimo perfeito de impensável.

"Os limites da minha linguagem são também os limites do meu pensamento".

Ludwig Wittgenstein

"Quem não aprendeu a usar palavras não sabe pensar".
idem

"As desavenças humanas são desavenças de palavras".
Spinoza

"Esqueci a palavra que pretendia dizer e meu pensamento, privado de sua substância, volta ao reino da sombra".
Mandelstan

"No princípio era o Verbo e o Verbo estava com Deus e o Verbo era Deus"
João – capítulo I

"Jean Starobinski, tendo citado a observação de Le Rochefoucauld de que "as pessoas nunca se apaixonariam se não tivessem ouvido falar de amor", e tendo examinado atentamente a história das moléstias humanas, descobriu que "há doenças (particularmente doenças neurais e 'morais', neuroses e psicoses) que se

espalham porque se fala sobre elas", em que *"a palavra desempenha o papel de agente contaminador"*, e concluiu que *"a verbalização entra na composição da própria estrutura da experiência vivida"*.

Zygmunt Bauman , do livro "Medo Líquido"

Livro 1984 – Autor: George Orwell

- "Como vai o dicionário? – perguntou Winston, levantando a voz para se fazer ouvir.
- Devagar – respondeu Syme. – Estou nos adjetivos. – é fascinante.

Tenho a impressão de que imaginas que o nosso trabalho consiste principalmente em inventar novas palavras. Nada disso! Estamos é destruindo palavras, às centenas, todos os dias. Estamos reduzindo a língua à expressão mais simples. É lindo destruir palavras. Naturalmente, o maior desperdício é nos verbos e adjetivos, mas há centenas de substantivos que podem perfeitamente ser eliminados. Não apenas os sinônimos; os antônimos também. Afinal de contas que justificativa existe para a existência de uma palavra que é apenas o contrário de outra? Cada palavra contém em si o contrário. "Bom", por exemplo. Se temos a palavra "bom", para que precisamos de "mau"? "Imbom" faz o mesmo efeito... e melhor, porque é exatamente oposto, enquanto que "mau" não é. Ou ainda, se queres uma palavra mais forte para dizer "bom", para que dispor de toda uma série de vagas e inúteis palavras como "excelente" e "esplêndido". "Plusbom" corresponde à necessidade ou "dupliplusbom", se queres algo ainda mais forte". Com esta medida, o "Grande Irmão" consegue dominar a vida de cada um dos cidadãos daquele imaginário país. Eliminar as palavras do dicionário é o mesmo que reduzir a potencialidade do pensamento, já que o pensamento coincide com a palavra.

Lucien Febvre, em seu livro "O Problema da Incredulidade do Século XVI", no capitulo de cuida da influência da religião sobre a vida, mostra e demonstra o poder da palavra como instrumento de libertação. Ser religioso ou não. No século XVI, não havia escolha. Do nascimento à morte, a religião acompanha o homem. Em tudo respirava misticismo.

Na vida privada, na vida profissional, na vida pública. Para a libertação intelectual, faltavam palavras. A deficiência de palavras implica na lacuna de pensamento. O Renascimento retoma a cultura greco-latina. Renascer é trazer da antiga cultura clássica todos os seus valores. As palavras clássicas renascem no século XVI. Segundo o autor, quais palavras faltavam? Exemplifica que faltavam: **absoluto e relativo; abstrato e concreto; confuso, complexo e adequado; virtual; insolúvel, intencional, intrínseco, inerente, oculto, primitivo, sensitivo, transcendental...** Nenhuma dessas palavras pertence ao vocabulário dos homens do século XVI. Esses são alguns adjetivos. E os substantivos? Faltavam: **causalidade e regularidade; conceito e critério; condição; análise e síntese; dedução e indução; intuição; coordenação e classificação; teísmo, deísmo e panteísmo; materialismo; fatalismo; determinismo; otimismo e pessimismo; ceticismo; idealismo e estoicismo.** O século XVI revoluciona também a sintaxe. Na idade média líamos a frase linear: sujeito, verbo e complemento. No século XVI, a liberdade sintática, rompe-se com a tradição. A liberdade na sintaxe é também a liberdade intelectual. Observe alguns exemplos em Camões:

Enquanto manda as ninfas amorosas
Grinaldas nas cabeças pôr de rosas
(Os Lusíadas VI/86)

Ou seja:
Enquanto manda as ninfas amorosas
pôr grinaldas de rosas nas cabeças

A Deus pedi que removesse os duros
Casos que Adamastor contou futuros
(Os Lusíadas V/60)

Ou seja:

Pedi a Deus que removesse os duros
casos futuros que Adamastor contou

A grita se levanta ao céu da gente
(Os Lusíadas II/91)

Ou seja:
A grita da gente se levanta ao céu

... em terreno
Não cabe o altivo peito tão pequeno
(Os Lusíadas III/94)

Ou seja:
O altivo peito não cabe em terreno tão pequeno.

Introdução de novas palavras no vocabulário e a revolução na sintaxe, para o filosofo Lucien Febvre, liberta o homem das trevas da idade Média.

Este livro "A Poesia Lírica Camoniana" é uma obra de palavras. Analisa cinquenta poesias camonianas. Propõe duzentos exercícios de interpretação de texto, oferecendo a solução no final do livro. Lembremos que as provas que se apresentam em processo seletivo contêm, em sua maioria, questões de interpretação de textos. Assim são as provas das faculdades públicas federais e estaduais. Assim são as provas das faculdades particulares. Nas provas de concurso público, não se pede outra coisa que não seja interpretação de textos. O autor procurou classificar toda a poesia lírica camoniana em oito temas. Poucos sonetos de Camões conseguiram fugir a esta classificação: A Influencia dos Cancioneiros Trovadores, A Auto-Analise do sujeito lírico, O Retrato Petrarquista da Mulher, Os Efeitos Contraditórios do Amor, A Natureza, A Saudade, A mudança e A Influência do Neoplatonismo. Este livro pode ser útil a todos os candidatos que disputam vagas nas universidades do país. Pode ser útil a todos os candidatos que disputam um cargo público mediante concurso. O professor do ensino médio tem nele um instrumento útil de trabalho. O professor do ensino superior pode apoiar-se nele para desenvolver o curso sobre o maior poeta da língua portuguesa. Se a tese do filósofo Lucien Febvre é verdadeira, e tudo indica que é, porque provou e demonstrou, a leitura cuidadosa este livro introduz, no leitor, o caminho de sua libertação intelectual. Pensar é falar sem ruído.

Jorge Miguel

I
A Vida de Camões

Todo gênio deixa, por onde passa, um rastro de lendas. Não é diferente Camões de outros poetas, contemporâneos seus. Também a vida de Shakespeare é lendária e fantasiosa. Há quem afirme que o poeta inglês nunca tenha existido. Contudo, existem quatro documentos relativos à vida de Luís Vaz de Camões de que não se pode colocar em dúvida a autenticidade:

A carta de perdão de 7 de março de 1553, quando se encontrava preso em Lisboa, por ter ferido o moço da corte, Gonçalo Borges, numa quinta-feira santa – 16 de junho 1552. O Rei D. João III, atendendo a que Gonçalo Borges ficara sem aleijão e perdoara ao poeta; atendendo ainda a que este é "mancebo e pobre" e "me vai este ano servir na Índia", perdoa-lhe, mediante pagamento de multa. Borges era encarregado dos arreios no Monarca, passeava a cavalo no Rossio, foi zombado por dois mascarados. Segue-se a rixa entre os mascarados e Borges. Luís de Camões acudiu em defesa dos seus amigos mascarados, rasgando com a espada uma ferida no pescoço de Borges, "junto do cabelo do toutiço".

O alvará para impressão de "Os Lusíadas", de 27 de setembro de 1571. Antes passou pela censura da Santa Inquisição. Frei Bartolomeu Ferreira, censor de "Os Lusíadas", declara: "Vi, por mandado da Santa e Geral Inquisição estes dez Cantos dos Lusíadas de Luís de Camões, dos valorosos feitos em armas que os Portugueses fizeram em Ásia e Europa, e não achei neles coisa alguma escandalosa, nem contrária à fé e bons costumes... usa de uma ficção dos Deuses dos gentios. Todavia, como isto é poesia e fingimento, e o autor, como poeta, não pretendia mais que ornar o estilo poético, não tivemos por inconveniente ir esta fábula dos Deuses na obra, conhecendo-a por tal, e ficando sempre salva a verdade de nossa fé... E por isso me parece o livro digno de se imprimir, e o autor mostra nele muito engenho e muita erudição nas ciências humanas".

D. Sebastião concede ao Poeta uma tença-anual de quinze mil réis, em 28 de julho de 1572, aos serviços por ele prestados nas partes da Índia... e ainda à informação do seu engenho e habilidade e à suficiência que mostrava no livro que fizera das coisas da Índia.

Em 2 de agosto de 1575, a tença é prorrogada por D. Sebastião, por mais três anos. Em 2 de julho de 1578, prorrogada pela última vez.
Isto sabemos de Camões, porque os documentos são absolutamente confiáveis. O resto que se diz de sua vida, são deduções que se fazem de documentos de discutível autenticidade ou de passagens de sua obra. Nasceu Camões talvez em Lisboa, por volta de 1524. Depois de seus estudos, talvez em Coimbra, frequenta o Paço Real. Tem mil amores entre elas Catarina de Ataíde (Natércia) e Dinamene. Há quem diga que contemplou os olhos da Infanta D. Maria, filha mais nova do Rei D. Manuel. Leva uma vida boêmia. Conhece o desterro. Parte para o Norte da África e aí perde o olho direito, numa batalha contra os sarracenos. Obtida a carta de perdão, depois da briga com Gonçalo Borges, deixa Lisboa, em março de 1553, a bordo da nau São Bento, com destino à Ásia. Primeiro em Goa – Índia. Ali, fica desiludido com seus habitantes: terra "mãe de vilões ruins e madrasta de homens honrados". Certamente, por imposição da vida militar, parte para Malabar – faixa da Costa Ocidental da Índia, para tomar a Ilha do Rei de Porcá.

"Com uma armada grossa, que ajuntara
o vizo-rei de Goa, nos partimos...
e com pouco trabalho destruímos
a gente no curvo arco exercitada;
com mortes, com incêndio os punimos"

A atividade militar chama o poeta a policiar o Mar Vermelho. Sua tarefa é interceptar os navios turcos que ali comerciavam livremente. Regressa a Goa. Esta está em festividade. Toma posse Francisco Barreto como Governador da Índia. Camões, sempre ousado, escreve uma sátira, em prosa, às festividades que se realizam em Goa. O Governador, em sua primeira decisão administrativa, "mete o poeta a ferros". Parte agora Camões para a China como provedor – mor dos defuntos e ausentes. No extremo Oriente, sofre o naufrágio, talvez quando regressava de Macau, salvando-se a si e ao poema. Perdeu o Poeta, na foz do rio Mecom, sua amada Dinamene. No final de "Os Lusíadas", o poeta faz alusão ao naufrágio:

"Este receberá, plácido e brando,
No seu regaço o Canto que molhado
Vem do naufrágio triste e miserando,
Dos procelosos baixos escapado,
Das fomes, dos perigos grandes, quando
Será o injusto mando executado
Naquele cuja lira sonorosa
Será mais afamada que ditosa".

"Injusto mando" é a ordem de prisão dada em Goa, pelo Governador Francisco Barreto. Vemos agora o poeta em Goa, preso, por dívidas. Chega em Lisboa em 1569. Tem uma tarefa a ser executada: - A publicação de "Os Lusíadas". Vencidas as dificuldades, inclusive com a censura, a obra foi publicada em 1572. Com a tença de quinze mil réis anuais, concedida por D. Sebastião, com dificuldade vive até 10 de junho de 1580 – data, geralmente, aceita como a da morte do poeta e, hoje, a data nacional do povo Português. Portugal é o único país do mundo em que o dia nacional é o dia da morte de um poeta. O corpo de Camões foi enterrado, envolvido em um pano (nem caixão teve) num cemitério, próximo à igrejinha de Santa Ana, Lisboa. Foi sepultado em vala comum com outros mortos, vítimas de peste. No mosteiro dos Jerônimos, em Belém construíram o túmulo de Camões, respeitado e venerado como se lá repousassem suas cinzas.

1
Era uma vez
Almada Negreiros

*Era uma vez
um português
de Portugal.
O nome Luís
há-de bastar
toda a nação
ouviu falar.
Estala a guerra
e Portugal
chama Luís
para embarcar.
Na guerra andou
a guerrear
e perde um olho
por Portugal.
Livre da morte
pôs-se a contar
o que sabia
de Portugal.
Dias e dias
grande pensar
juntou Luís
a recordar.
Ficou um livro
ao terminar.
muito importante
para estudar.
Ia num barco
ia no mar
e a tormenta
vá de estalar.*

*Mais do que a vida
há-de guardar
o barco a pique
Luís a nadar.
Fora da água
um braço no ar
na mão o livro
há-de salvar.
Nada que nada
sempre a nadar
livro perdido
no alto mar.
- Mar ignorante
que queres roubar?
a minha vida
ou este cantar?
A vida é minha
ta posso dar
mas este livro
há-de ficar.
Estas palavras
hão-de durar
por minha vida
quero jurar.
Tira-me as forças
podes matar
a minha alma
sabe voar.
Sou português
de Portugal
depois de morto
não vou mudar.
Sou português
de Portugal
acaba a vida*

*e sigo igual.
Meu corpo é Terra
de Portugal
e morto é ilha
no alto mar.
Há portugueses
a navegar
por sobre as ondas
me hão-de achar.
A vida morta
aqui a boiar
mas não o livro
se há-de molhar.
Estas palavras
vão alegrar
a minha gente
de um só pensar.
À nossa terra
irão parar
lá toda a gente
há-de gostar.
Só uma coisa
vão olvidar:
o seu autor
aqui a nadar.
É fado nosso
é nacional
não há portugueses
há Portugal.
Saudades tenho
mil e sem par
saudade é vida
sem se lograr.
A minha vida
vai acabar*

*mas estes versos
hão-de gravar.
O livro é este
é este o canto
assim se pensa
em Portugal.
Depois de pronto
faltava dar
a minha vida
para o salvar.*

Almada Negreiros compõe um poema em versos de quatro sílabas. Lembra o poema uma cantiga de roda, própria para ser cantada ou declamada. "Era uma vez..." o primeiro verso já revela a simplicidade dos versos que lhe seguem. Contudo, a simplicidade é apenas aparente. Os versos revelam a grandeza do poeta e da sua gente. (Meu corpo é terra/ de Portugal). Podemos dividir o poema em cinco partes. Na primeira, uma introdução, à moda das histórias populares. O autor anuncia aquilo que vai cantar, vai cantar a vida do poeta Luís, já famoso em Portugal. ("Era uma vez" até "ouviu falar"). Na segunda parte, o poeta fala da guerra em que Camões perde o olho direito, na batalha contra os Sarracenos, no Norte da África. Naquela batalha, Camões começa dar a vida pela sua pátria e perde um olho por Portugal. (De "estala a guerra" até "por Portugal"). Na terceira parte, canta Negreiros o início da criação de Os Lusíadas. Sugere, pois, que Camões inicia sua obra imortal, logo após a batalha em que perde o olho no Norte da África, por volta de 1548. O assunto de Os Lusíadas é a história presente, passada e futura de Portugal (pôs-se a contar o que sabia/ de Portugal). E, numa linguagem infantil, ficou um livro muito importante para estudar. (De "livre da morte" até "para estudar"). A quarta parte toma conta de quase todo o poema. Narra o naufrágio que Camões sofreu, no extremo Oriente, salvando-se a si e ao poema. O barco e a tormenta (ia num barco e a tormenta vá d'estalar). Mais do que a vida, há de se preservar a obra. Nada o poeta com um braço e com o outro, Os Lusíadas nas mãos, salva a obra. Mar ignorante, como ignorante é todo invejoso e vil, que queres roubar? Queres roubar minha vida ou este poema? A vida pertence a mim, posso dá-la a ti (posso ta dar). Mas Os Lusíadas não te posso dar, porque pertencem a toda humanidade. Ainda que o mar mate o poeta, ele sobreviverá, porque será eterno na história cultural de sua gente. (A minha alma/ sabe voar). (E aqueles que por obras valerosas/ se vão da lei da morte libertando). O poeta é português e seu poema coincide com a História de Portugal. (Meu corpo é terra/ de Portugal). Os portugueses hão de reconhecer o valor de sua obra (que hão de achar). Depois de morto o poeta, sua obra sobrevive (a vida morta/ aqui a boiar/ mas não o livro/ se há de molhar). Não nos esqueçamos que a alma do poeta sabe voar. (De "ia num barco" até "aqui a nadar"). Finalmente, a quinta parte. A história que construímos faz parte de nosso destino, nossa sina (é fado nosso/ é nacional). "Deus quer, o homem sonha, a obra nasce". Todo o passado de Portugal são saudades e saudade é vida. O poeta deu a vida para escrever Os Lusíadas. Faltava dar a vida para salvar sua obra das profundezas do mar. (De "é fado nosso" até "para o salvar").

2
Quando na alma pesar de tua raça
Manuel Bandeira

Quando na alma pesar de tua raça
A névoa da apagada e vil tristeza,
Busque ela sempre a glória que não passa,
Em teu poema de heroísmo e de beleza.

Gênio purificado na desgraça,
Tu resumiste em ti toda a grandeza:
Poeta e soldado... Em ti brilhou sem jaça
O amor da grande pátria portuguesa.

E enquanto o fero canto ecoar na mente
Da estirpe que em perigos sublimados
Plantou a cruz em cada continente,

Não morrerá, sem poetas nem soldados,
A língua em que cantaste rudemente
As armas e os barões assinalados.

Bandeira enaltece o poeta lusitano em um soneto formalmente perfeito, criado em versos decassílabos heróicos. As rimas obedecem à seguinte posição: ABAB – ABAB – CDC – DCD. Logo na primeira quadra, o poeta fala do presente e do passado. O passado são os descobrimentos, a glória, o heroísmo. O presente, ainda que mergulhado numa tristeza vil e apagada, aquela glória do passado não passa porque Os Lusíadas (o poema de heroísmo e beleza) estarão sempre presentes para o testemunho de um passado heróico que o tempo não consegue apagar. A expressão "apagada e vil tristeza" foi colhida do epílogo de Os Lusíadas.

(A pátria)
"Está metida no gosto da cobiça e na rudeza
De uma austera, apagada e vil tristeza".

Então, a pátria, ainda que em "névoa da apagada e vil tristeza", não morrerá porque a glória nunca passa. Teu poema é o marco de heroísmo e beleza. Na segunda quadra, Bandeira invoca o sofrimento de Camões e seu grande amor à Pátria. O sofrimento purificou-o (gênio purificado na desgraça). O amor à Pátria, apesar do sofrimento, não foi maculado por mancha ou arranhões (sem jaça). O próprio Camões fala de seu sofrimento. "O dia em que nasci, moura e pereça". Seu amor à Pátria, embora mergulhado na "rudeza de uma apagada e vil tristeza", acompanhou Camões até a sepultura, lutando por amor a ela (soldado) e compondo a obra de que não se encontra par na literatura universal (poeta). Nos dois tercetos, o substantivo "estirpe" retoma a "raça" do primeiro verso, já que estirpe é a origem, o tronco, a linhagem, a ascendência, a cepa do povo lusitano. Esta estirpe que levou o cristianismo em todo o mundo (plantou a cruz em cada continente), ouvindo sempre Os Lusíadas, não deixará morrer a língua portuguesa. Neste idioma foi escrita a obra imortal. (A língua em que cantaste rudemente/ as armas e os barões assinalados). Camões foi poeta e soldado. A língua portuguesa sempre terá poetas que usarão do vernáculo para expressar sua criatividade. Sempre terá também soldados – defensores da língua – tal qual o herói no campo de batalha.

3
Camões dirige-se aos seus contemporâneos
Jorge de Sena

Podereis roubar-me tudo:
as ideias, as palavras, as imagens,
e também as metáforas, os temas, os motivos,
os símbolos, e a primazia
nas dores sofridas de uma língua nova,
no entendimento de outros, na coragem
de combater, julgar, de penetrar
em recessos de amor para que sois castrados.
E podereis depois não me citar,
suprimir-me, ignorar-me, aclamar até
outros ladrões mais felizes.
Não importa nada: que o castigo
será terrível. Não só quando
vossos netos não souberem já quem sois
terão de me saber melhor ainda
do que fingis que não sabeis,
como tudo, tudo o que laboriosamente pilhais,
reverterá para o meu nome. E mesmo será meu,
tido por meu, contado como meu,
até mesmo aquele pouco e miserável
que, só por vós, sem roubo, haveríeis feito.
Nada tereis, mas nada: nem os ossos,
que um vosso esqueleto há-de ser buscado,
para passar por meu. E para outros ladrões,
iguais a vós, de joelhos, porem flores no túmulo.

Camões não foi reconhecido em vida. Ignorado, não teve seu gênio acolhido pelos seus contemporâneos. O poema é um desabafo. Podem-lhe roubar tudo, ele será reconhecido como o poeta imortal do povo português. Dia 10 de junho – dia em que morreu o poeta - é o dia da Pátria portuguesa. Eis a desforra, o triunfo, a glória.

Verso 1. *Poderei roubar-me tudo:*

Seguem após o pronome "tudo" as coisas concretas ou abstratas que lhe podem ser roubadas: as ideias, as palavras, as imagens... etc., enumeradas até "na primazia/ em recessos de amor para que sois castrados".

Verso 9. *E podereis depois não me citar.*

Na primeira parte, o roubo. Agora, a indiferença: não citar, suprimir, ignorar e até aclamar outros ladrões que lhe roubaram as ideias.

Versos 12 e 13. *Não importa nada: que o castigo será terrível.*

Camões passa agora a enumerar os castigos que receberam aqueles que lhe roubaram e não o reconheceram: ele será imortal, porém estes serão esquecidos pelos netos e estes mesmos netos não esquecerão o poeta. Mesmo a obra que esses ladrões criaram pelo próprio merecimento será creditada ao poeta.

Versos 22, 23 e 24. *Nada tereis, mais nada: nem os ossos/ que vosso esqueleto há de ser buscado/ para passar por meu.*

Camões é venerado no túmulo do Mosteiro de Santa Maria de Belém, Mosteiro dos Jerônimos, como se lá repousassem suas cinzas e ossos. Seu túmulo inicial (vala coletiva) foi destruído pelo terremoto de 1755. Em 1800, apanharam-se as cinzas e os ossos de todos os mortos daquela vala comum e depositaram-nos no Mosteiro dos Jerônimos.

Versos 24 e 25. *E para ladrões iguais a vós, de joelhos, porem flores no túmulo.*

Os ossos de outros serão depositados como se fossem do poeta para que, no futuro, outros ladrões como aqueles, tragam flores ao seu túmulo.

4
Nem tenho versos, cedro desmedido
Miguel Torga

Nem tenho versos, cedro desmedido
Da pequena floresta portuguesa!
Nem tenho versos, de tão comovido
Que fico a olhar de longe tal grandeza.

Quem te pode cantar, depois do Canto
Que deste à pátria, que to não merece?
O sol da inspiração que acendo e que levanto,
Chega aos teus pés e como que arrefece.

Chamar-te gênio é justo, mas é pouco.
Chamar-te herói, é dar-te um só poder.
Poeta dum império que era louco,
Foste louco a cantar e louco a combater.

Sirva, pois, de poema este respeito
Que te devo e professo,
Única nau do sonho insatisfeito
Que não teve regresso!

O autor confessa sua incapacidade para compor um poema que se iguale às poesias de Camões (nem tenho versos).

Primeira Quadra. Camões é cedro desmedido da pequena floresta portuguesa. A floresta portuguesa são os escritores portugueses, chamados, coletivamente, de floresta portuguesa. Nessa floresta, Camões é cedro sem medida, enorme, imenso. A comparação "cedro desmedido" em "floresta pequena" revela a gigantesca distância que separa Camões de todos os poetas portugueses, inclusive do próprio autor que fica a olhar de longe tal grandeza.

Segunda Quadra. *Quem te pode cantar depois do Canto?*

O Canto é Os Lusíadas. O poeta acende e levanta a inspiração. Mas qual! Aos pés de Camões, toda a inspiração perde a energia (arrefece).

Terceira Quadra. *Continua o poeta justificando o que disse no primeiro verso (nem tenho verso).*

Quarta Quadra. *Sirva, pois, de poema, este respeito.*

Já que não consegue criar um poema a altura da genialidade de Camões, que o respeito que lhe devota, sirva de poema.

Única nau do sonho insatisfeito
Que não teve regresso!

O respeito (que serviu de poema) é um sonho insatisfeito, porque sua tarefa não foi cumprida, já que foi uma viagem sem regresso.

Interpretação Dirigida

Leia, com atenção, o soneto transcrito. Responda, depois, às questões de **1 a 25**, elegendo uma das alternativas.

5
Camões, grande Camões, quão semelhante
Bocage

Camões, grande Camões, quão semelhante
Acho teu fado ao meu, quando os cotejo!
Igual causa nos fez, perdendo o Tejo,
Arrostar com o sacrílego gigante;

Como tu, junto ao Ganges sussurrante
Da penúria cruel no horror me vejo;
Como tu, gostos vãos, que em vão desejo,
Também carpindo estou, saudoso amante.

Ludíbrio, como tu, da sorte dura,
Meu fim demando ao Céu, pela certeza
De que só terei paz na sepultura.

Modelo meu tu és, mas... oh, tristeza!...
Se te imito nos trances da ventura,
Não te imito nos dons da natureza.

Vocabulário

Fado – sorte, destino.
Cotejo – verbo cotejar, comparar, confrontar, pôr em paralelo.
Arrostar – olhar de frente, encarar sem medo, afrontar.
Sacrílego – que cometeu sacrilégio, profanação.
Penúria – pobreza extrema, indigência, miséria.
Carpindo – verbo carpir, chorar, queixar-se, lamentar.
Ludíbrio – aquele que é vítima de zombaria.
Trances – perigo, momento aflitivo, crise de angustia, transes.

1. É fácil perceber que o assunto do poema é:
a) A comparação que o sujeito lírico faz entre sua vida e a do poeta Camões.
b) A perda que ambos tiveram do rio Tejo.
c) O exílio que ambos sofreram às margens do Ganges.
d) A penúria cruel por que passou o autor de Os Lusíadas.
e) A saudade que toma conta de ambos os poetas.

2. Afirma o poeta que ele e Camões são semelhantes:

a) Na arte de criar a poesia.

b) Nos aspectos mais cruéis da vida humana.

c) Na vida boêmia.

d) No exílio político.

e) Nas frustrações do amor.

3. Conclui Bocage, com tristeza, que não tem de Camões:

a) O reconhecimento da história.

b) O rigor artístico.

c) O dom da criatividade poética.

d) A ventura de ser reconhecido.

e) A glória e o reconhecimento na galeria dos imortais.

4. O poema estabelece um paralelo entre a vida de Camões e a vida do autor. Ambos tiveram vida semelhante. Vamos identificar esta semelhança em cada estrofe:

*Camões, grande Camões, quão semelhante
Acho teu fado ao meu, quando os cotejo!*

a) Ternura.

b) Religiosidade.

c) Ambição.

d) Riqueza.

e) Destino.

**5. *Igual causa nos fez, perdendo o Tejo,
Arrostar com o sacrílego gigante;***

a) A razão de navegarem o Tejo.

b) O sacrifício de viverem na Pátria.

c) O privilegio de amarem a Pátria.

d) O motivo que causou exílio.

e) A ilusão de pensarem gigantes.

**6. *Como tu, junto ao Ganges sussurrante
Da penúria cruel no horror me vejo;***

a) A fortuna.

b) A sorte.

c) A pobreza.
d) O desespero.
e) O horror.

**7. Como tu, gostos vãos, que em vão desejo,
Também carpindo estou, saudoso amante.**
a) A saudade e o amor não correspondido.
b) A fascinação e o ideal da infância.
c) O desespero e o horror da velhice.
d) O misticismo e o horror da velhice.
e) O ideal e a memória da Pátria.

**8. Ludíbrio, como tu, da sorte dura,
Meu fim demando ao Céu, pela certeza
De que só terei paz na sepultura.**
a) A paz celeste.
b) A contemplação do belo.
c) O infortúnio.
d) O sucesso artístico.
e) A ilusão conquistada.

9. O poeta encontra uma maneira de acabar com tanta desgraça:
a) O amor.
b) A morte.
c) A arte.
d) O idílio.
e) A religião.

10. O poeta compara-se a Camões. Contudo, há um momento em que a comparação é quebrada por meio de uma conjunção:
a) Camões, grande Camões, quão semelhante
   Acho teu fado ao meu, **quando** os cotejo!
b) **Como** tu, junto ao Ganges sussurrante
   Da penúria cruel no horror me vejo;
c) Como tu, gostos vãos, **que** em vão desejo,
   Também carpindo estou, saudoso amante.

d) Meu fim demando ao Céu, pela certeza
   De que só terei paz na sepultura.
e) Modelo meu tu és, **mas**... oh, tristeza!...
   Se te imito nos trances da ventura,
   Não te imito nos dons da natureza.

11. Enfim, Bocage e Camões são semelhantes e diferentes, respectivamente nos trances:

a) Da tristeza e da imitação.
b) Do ideal e da religião.
c) Da individualidade e da segurança.
d) Do destino e da capacidade artística.
e) Do ideal e da paixão.

12. "Da penúria cruel no horror me vejo"
Na ordem direta:
Eu me vejo no horror da penúria cruel.

A esta inversão de ordem, dá-se o nome de:

a) Metáfora.
b) Silepse.
c) Assíndeto.
d) Hipérbato.
e) Polissíndeto.

13. *Igual causa nos fez, perdendo o Tejo,*
   Como tu, junto ao Ganges sussurrante
O poeta usou "Tejo", por Portugal e "Ganges" pela Índia. É o exílio: afastar-se de Portugal (Tejo) e ir junto ao Ganges (Índia). Esta figura que admite usar uma parte pelo todo chama-se:

a) Pleonasmo.
b) Hipérbole.
c) Sinédoque.
d) Solecismo.
e) Assíndeto.

14. Identifique o verso em que aparece um vocativo:

a) Camões, grande Camões, quão semelhante

b) Acho teu fado ao meu, quando os cotejo!

c) Igual causa nos fez, perdendo o Tejo,

d) Arrostar com o sacrílego gigante;

e) Da penúria cruel no horror me vejo;

15. A personificação ou prosopopéia dá sentimento humano a seres inanimados, como nesta expressão:

a) Camões, grande Camões.

b) Ganges sussurrante.

c) Carpindo estou.

d) Terei paz na sepultura.

e) Modelo meu tu és.

16. Todo o soneto é uma comparação. É de se supor, então, que, na área semântica, apareçam vários vocabulários relacionados com a comparação. Vamos identificá-los em cada estrofe

Camões, grande Camões, quão semelhante
Acho teu fado ao meu, quando os cotejo!
Igual causa nos fez, perdendo o Tejo,
Arrostar com o sacrílego gigante;

Na primeira estrofe, das alternativas abaixo, só não é vocábulo comparativo:

a) Quão (advérbio).

b) Semelhante (adjetivo).

c) Fado (substantivo).

d) Cotejo (verbo).

e) Igual (adjetivo).

17. *Como tu, junto ao Ganges sussurrante*
Da penúria cruel no horror me vejo;
Como tu, gostos vãos, que em vão desejo,
Também carpindo estou, saudoso amante.

Na segunda estrofe, há três vocábulos comparativos: duas conjunções comparativas (como tu... como tu...) e o vocábulo:

a) Sussurrante.

b) Horror.

c) Gostos vãos.

d) Vão desejo.

e) Também.

18. *Ludíbrio, como tu, da sorte dura,*
   Meu fim demando ao Céu, pela certeza
   De que só terei paz na sepultura.

Na terceira estrofe, apenas um elemento comparativo:

a) Como tu.

b) Sorte dura.

c) Pela certeza.

d) Paz.

e) Sepultura.

19. *Modelo meu tu és, mas... oh, tristeza!...*
   Se te imito nos trances da ventura,
   Não te imito nos dons da natureza.

Na quarta estrofe, dois verbos são responsáveis pela comparação (imito... imito...). Aparece, também, um expressivo substantivo nessa sucessivas comparações:

a) Modelo.

b) Tristeza.

c) Trances.

d) Ventura.

e) Dons.

20. Bocage é o representante máximo do neoclassicismo (século XVIII). O neoclassicismo tem duas características: a volta ao classicismo camoniano e o pré-romantismo, que anuncia a literatura do século XIX. Formalmente, o poema é neoclássico, porque é:

a) Personificação.

b) Soneto.

c) Comparação.

d) Lamentação.

e) Cantiga.

21. Tematicamente, o poema contém elementos românticos, entre eles:

a) A comparação (Camões, grande Camões).

b) O destino (Acho teu fado...).

c) O bucólico (Tejo... Ganges).
d) O engano (Ludíbrio da sorte dura).
e) O desejo da morte (Terei paz na sepultura).

22. Assinale a alternativa falsa:
a) Esquema rimático: ABBA, ABBA, CDC, D.
b) Cotejo / Tejo é rima rica.
c) Tristeza / natureza é rima pobre.
d) Os versos são alexandrinos.
e) Quanto à acentuação, os versos são todos graves; não há versos agudos ou esdrúxulos.

23. *Meu fim demando ao Céu, pela certeza*
De que só terei paz na sepultura.
A oração assinalada tem o valor de:
a) Objetiva indireta.
b) Completiva nominal.
c) Objetiva direta.
d) Subjetiva.
e) Predicativa.

24. A conjunção adversativa "mas" nega parcialmente a ideia que aparece antes dela. No soneto, "mas" nega:
a) Camões, grande Camões.
b) Perdendo o Tejo.
c) Ganges sussurrante.
d) Paz na sepultura.
e) Modelo meu tu és.

25. Os poetas neoclássicos, tal qual Bocage, foram contemporâneos do iluminismo. Entre os iluministas destaca-se Voltaire cuja filosofia sintetizamos assim:
a) "Separação dos poderes".
b) "O homem é naturalmente bom; a sociedade o corrompe".
c) "Cogito, ergo sum".
d) "Justiça social, tolerância e liberdade".
e) "O homem é o lobo do homem".

II
A Poesia Lírica

Camões é o maior poeta da Língua Portuguesa. Cultivou a poesia épica (Os Lusíadas), a poesia dramática (Anfitriões, El-Rei Seleuco e Filodemo) e a poesia lírica (Sonetos, Canções, Odes, Elegias, Éclogas, Vilancetes, Cantigas, Trovas, Sextilhas... etc.). De toda sua poesia lírica, é forçoso destacar-se o soneto. Foi o maior sonetista de todos os tempos. O soneto corresponde a uma parcela significativa de sua produção literária. É a composição poética de forma fixa, formada por dois quartetos e dois tercetos. De origem italiana, o soneto foi introduzido em Portugal por Sá de Miranda. Sobrevive a todos os estilos de época da literatura. Sem perder suas características originais, povoou a literatura do renascimento, barroco, arcadismo, romantismo, realismo, simbolismo e modernismo. Talvez seu fascínio está em desenvolver um tema, ainda que complexo, em apenas catorze versos. Leiamos um soneto camoniano conhecido:

Sete anos de pastor Jacó servia
Camões

Sete anos de pastor Jacó servia
Labão, pai de Raquel, serrana bela;
Mas não servia ao pai, servia a ela,
Que a ela só por prêmio pretendia.

Os dias na esperança de um só dia
Passava, contentando-se com vê-la;
Porém o pai, usando de cautela,
Em lugar de Raquel lhe dava Lia.

Vendo o triste pastor que com enganos
Lhe fora assim negada a sua pastora,
Como se a não tivera merecida,

Começou a servir outros sete anos,
Dizendo: Mais servira, se não fora
Para tão longo amor tão curta a vida.

Em todo o soneto de Camões, a rima é, geralmente, fixa nos quartetos, na posição ABBA, ABBA, como também fixa nos tercetos, na posição CDE, CDE, variando às vezes, nos tercetos, para CDC, DCD. Veja no poema:

servia –	A	enganos -	C
bela –	B	pastora-	D
ela –	B	merecida -	E
pretendia –	A		
dia –	A	anos -	C
vê-la –	B	fora -	D
cautela –	B	vida -	E
Lia –	A		

Nos sonetos de Camões, o desenvolvimento da ideia se faz por períodos e estes coincidem com as estrofes. Quase sempre assim: no primeiro quarteto propõe-se o assunto; enuncia-se aquilo que se vai discorrer. Na primeira quadra, os personagens principais (Jacó, Labão), o tempo (sete anos), a ação (servia), seguida da razão deste serviço escravo (por prêmio pretendia). No segundo quarteto, explora-se o assunto. A doação total e a vassalagem da primeira estrofe são toleradas, porque existe uma esperança de arrebatar a amada depois daquele tempo. A adversativa "porém" traz a decepção desta esperança. No primeiro terceto, confirma-se o que já se disse no segundo quarteto. Toma Jacó consciência da traição que lhe fora imposta por Labão. Sua pastora lhe fora negada como se este não a merecesse. No segundo terceto, conclui-se através de um pensamento nobre, a título de fechamento. É a chave de ouro:

"Mais servira, se não fora
Para tão longo amor tão curta vida"

Assim é que, em Camões, o soneto segue, com poucas variações, esta ordem:

Primeiro Quarteto: **Proposição** – enuncia-se o assunto
Segundo Quarteto: **Desenvolvimento** – explora-se o assunto
Primeiro Terceto: **Confirmação** – ratifica-se o assunto
Segundo Terceto: **Conclusão** - retira-se do todo um pensamento nobre.
É a chave de ouro.

Neste soneto, o poeta toma o assunto bíblico apenas para exaltar o amor. Amor universal, atemporal. Pouco se preocupa com a traição de Labão. Quem não gostaria de ser amada como Raquel? Quem não gostaria de amar intensamente como Jacó? O texto bíblico é o pretexto para firmar, na chave de ouro, o amor universal. Para conquistar a mulher amada, serve-se sete anos, e mais sete, e mais sete e todos os sete anos que a vida contém. A vida é pequena para tanto amor. Veja, no poema, o amor sensual (Os dias na esperança de um só dia). Este dia é o momento da posse da mulher amada. Veja também o amor platônico (Passava, contentando-se com vê-la). Amor de contemplação. Enquanto "aquele dia" não chega, contenta-se com o contemplar - amor platônico.
A acentuação, nos sonetos camonianos, é também, mais ou menos, fixa. Sempre recai o acento na 6º e 10º sílabas (versos decassílabos heróicos). Às vezes, o acento recai na 4º, 8º e 10º sílabas (versos decassílabos sáficos).

Se/te a/nos/de/pas/tor/Ja/có/ser/vi/a
1   2   3   4   5   **6** 7   **8** 9 **10** X

É possível classificar toda lírica camoniana, agrupando-a em oito temas. Nós propomos o seguinte agrupamento de temas:

- A Influência dos cancioneiros trovadores.
- A Auto-Análise do sujeito lírico.
- O Retrato petrarquista da mulher.
- Os Efeitos contraditórios do amor.

- A Natureza.
- A Saudade.
- A Mudança.
- A Influência do neoplatonismo.

1
Na ribeira do Eufrates assentado
Camões

Na ribeira do Eufrates assentado,
Discorrendo me achei pela memória
Aquele breve bem, aquela glória,
Que em ti, doce Sião, tinha passado.

Da causa de meus males perguntado
Me foi: "Como não cantas a história
De teu passado bem e da vitória,
Que sempre de teu mal hás alcançado?

Não sabes que, a quem canta, se lhe esquece
O mal, inda que grave e rigoroso?
Canta, pois, e não chores dessa sorte".

Respondo com suspiros: "Quando cresce
A muita saudade, o piadoso
Remédio é não cantar senão a morte".

O poeta canta o exílio próprio, já que esteve preso e exilado longe de Lisboa, na Ásia. O exílio também pode ser psicológico. O autor toma como tema o Salmo 137 de David.

Salmo 137

Junto aos rios da Babilônia,
Estávamos sentados e chorando,
Lembrando-nos de Sião.
Ali, sobre os salgueiros,
Suspendendo as nossas harpas.
Era lá que eles nos pediam
- Os nossas carcereiros -, cânticos:
Os nossos verdugos, alegria:
"Cantai para nós
Cânticos de Sião".
Como cantar os cânticos do Senhor
Numa terra alheia?

No soneto, o poeta está na ribeira do Eufrates, margem do rio Eufrates, rio da Babilônia, onde os Judeus estiveram prisioneiros. A Babilônia, para o poeta, pode significar os lugares da Ásia onde esteve preso, tão longe de Portugal. Lá no Eufrates, acha-se a recordar (achei pela memória) a terra de Sião. Sião aqui é a Pátria, a liberdade, a individualidade, a independência. Eufrates, em antítese com Sião, é a prisão, a dependência, a escravidão, o exílio. Tal como no Salmo de David lhe pedem para cantar a história do passado, suas vitórias e glórias alcançadas. O interlocutor insiste: quem canta esquece o mal, ainda que grave. Canta, pois, e não lamentes a tua sorte. O poeta responde com suspiros: quando a saudade bate no peito, o remédio é a morte e não o canto. Se Babilônia é a escravidão, Sião, uma das colinas de Jesuralém, é a liberdade. Para os Judeus, Sião é a Pátria de onde estavam exilados. Sião toma o sentido do bem passado; o Eufrates toma sentido do mal presente. É o paralelo entre a tristeza do poeta e a tristeza dos Judeus. Também Giuseppe Verdi, na ópera Nabuco, composta em 1842, tal qual Camões, busca no mesmo tema do Salmo de David, o assunto para sua composição. Verdi tornou-se o líder espiritual da luta pela independência no Norte da Itália das forças imperiais Austríacas. Assim, a Itália é Sião e a Áustria a Babilônia. Ocorre, na segunda cena do terceiro ato, o célebre coro dos Hebreu escravizados e acorrentados na Babilônia, às margens do Eufrates, lamentando a perda da terra natal.

Vá, pensiero, sull'ali dorate.
Vá, ti posa sui clivi, sui coll.

No Salmo de David, os Judeus estavam juntos aos rios da Babilônia, lembrando-se de Sião. No soneto de Camões, o poeta está às margens de Eufrates, trazendo à memória o doce Sião. No Salmo de David, os carcereiros pedem cânticos e os carrascos pedem alegria. No soneto de Camões, é-lhe perguntado a causa de seus males e a razão por que não canta a história do passado bem e da vitória. Afinal, quem canta esquece seus males. No Salmo de David, os exilados respondem: Como cantar os cânticos do Senhor numa terra alheia? No soneto de Camões, o exilado responde: Quando a saudade cresce, o piedoso remédio é a morte e não o canto. O soneto mantém a posição rimática camoniana: ABBA – ABBA – CDE – CDE.

2
Aquele lascivo e doce passarinho
Camões

Está o lascivo e doce passarinho
Com o biquinho as penas ordenando,
O verso sem medida, alegre e brando,
Espedindo no rústico raminho.

O cruel caçador (que do caminho
Se vem, calado e manso, desviando),
Na pronta vista a seta endireitando,
Lhe dá no Estígio Lago eterno ninho.

Destarte o coração, que livre andava
(Posto que já de longe destinado),
Onde menos temia, foi ferido.

Porque o Frecheiro cego me esperava,
Para que me tomasse descuidado,
Em vossos claros olhos escondido.

O tema deste soneto se desenvolve num paralelo. Em primeiro plano, um passarinho lascivo (descuidado, travesso), agitando (ordenando) as penas com o bico, está espedindo (soltando) o verso (o canto), sobre um ramo rústico (sobre os ramos de uma árvore). Eis que aparece o cruel caçador que vem sorrateiro (calado, manso), aprumando a seta, (na pronta vista a seta endereitando) mata o passarinho indefeso, ou seja, lhe dá no Estígio Lago eterno ninho ou ainda, faz do Estígio Lago (rio que corre no inferno) eterno ninho (a morte). O segundo plano, tal qual o passarinho, o poeta, despreocupado com as armadilhas do amor (livre andava), quando menos esperava (onde menos temia) foi ferido por um frecheiro cego (Cupido, deus do amor) que estava escondido nos claros olhos da mulher amada. Em resumo, o tema do poema é o amor que, repentina e traiçoeiramente, tomou conta do poeta. Vê-se que o primeiro plano corresponde às duas primeiras estrofes e o segundo plano corresponde às duas últimas estrofes. O assunto é simples: tal qual o passarinho, alegre e descuidado, foi morto pelo caçador cruel, assim também o sujeito lírico, descuidado, foi ferido pelo Cupido, ardilosamente escondido nos claros olhos da mulher, que, depois de ferido pela flecha, passa a amar. O advérbio "destarte" (assim, desta maneira), no início do primeiro terceto, é o responsável pela ligação do primeiro plano ao segundo plano. No primeiro plano, os personagens são o caçador e o passarinho. O segundo plano, os personagens são o frecheiro e o coração do poeta. O caçador e o frecheiro têm a mesma índole: ambos cruéis, traiçoeiros, sorrateiros. O passarinho e o coração do poeta têm o memo destino: ambos são vítimas da traição. O caçador mata; o frecheiro fere. O passarinho é morto quando arrumava a pena com o bico e cantava. O coração do poeta é ferido quando andava livre e descuidado. O amor é fatal, desgovernado, estranho ao livre arbítrio. Não há como controlar as artimanhas do amor. O poeta foi ferido por ele. Cuidado, leitor, assim como o caçador cruel ataca o passarinho descuidado e alegre, você também pode ser vítima das flechas do Cupido, às vezes escondido nos claros olhos da mulher que, inexoravelmente, amará, depois de ferido.

3
Enquanto quis Fortuna que tivesse
Camões

Enquanto quis Fortuna que tivesse
Esperança de algum contentamento,
O gosto de um suave pensamento
Me fez que seus efeitos escrevesse.

Porém, temendo Amor que aviso desse
Minha escritura a algum juízo isento,
Escureceu-me o engenho com tormento,
Para que seus enganos não dissesse.

Ó vos que Amor obriga a ser sujeitos
A diversas vontades! Quando lerdes,
Num breve livro, casos tão diversos,

Verdades puras são e não defeitos;
E sabei que, segundo o amor tiverdes,
Tereis o entendimento de meus versos.

Enquanto a sorte anunciava ao poeta alguma felicidade no âmbito afetivo, passou ele a escrever o prazer e os efeitos daquela felicidade amorosa. Porém, o Amor obscureceu o poder criador do poeta, atormentando-o, para que este não divulgasse os seus enganos. Ó vós, conclui o poeta, que estais sujeitos a diversas vontades, inconstantes no amor, submetidos a vários amores, só compreendereis os meus versos, os meus tão variados estados de espírito, quando o vosso amor for tão sublimado como o meu.

Verso 1. *Fortuna*: acontecimento fortuito, casualidade, acaso, destino, sorte.

"Erros meus, má fortuna, amor ardente
Em minha perdição se conjuraram".

Verso 4. *Seus efeitos: os efeitos do contentamento.*

Verso 6. *Escritura: poesia, versos.*
         Isento: livre, desobrigado.

Verso 7. *Engenho: Capacidade intelectual.*

"Se a tanto me ajudar o engenho e a arte".

4
Quando se vir com água o fogo arder
Camões

Quando se vir com água o fogo arder
E misturar com dia a noite escura,
E a terra se vir naquela altura
Em que se veem os Céus, prevalecer;

O Amor por Razão mandado ser,
E a todos ser igual nossa ventura,
Com tal mudança, vossa fermosura
Então a poderei deixar de ver.

Porém não sendo vista esta mudança
No mundo (como claro está não ver-se),
Não se espere de mim deixar de ver-vos.

Que basta estar em vós minha esperança,
O ganho de minha alma e o perder-se,
Para não deixar nunca de querer-vos.

Profissão de fé de amar e manter-se fiel no seu infeliz e desesperado amor. Se o amor é tão inexorável como inexorável é a água não arder com o fogo, o claro dia ser separado da noite escura, a terra permanecer em baixo e o céu em cima, o Amor não obedecer à razão e a felicidade não ser igual para todos. Assim como, no mundo, tudo que se disse acima é inevitável, também é inevitável sua dedicação à amada. Contudo, se água ardesse com o fogo, o claro dia fosse simultâneo à noite escura, a terra trocasse a posição com o céu, o Amor obedecesse à razão e a felicidade fosse igual para todos, ai sim poderia deixar de amar a donzela querida, mesmo depois de vê-la.

Verso 1. *Quando se vir com o fogo a água arder*

Verbo ver no futuro do subjuntivo, também seus derivados: quando revir a Pátria... se previr o desastre... se antevir a derrota...

Verso 4. *Em que se vêem os céus...*

No original: em que se vem os céus. Veem (dissílabo), no Português antigo, escrevia-se vem (monossílabo).

Verso 6. *Ventura: Felicidade, fortuna, sorte, destino.*

Verso 11. *"Ninguém mudar-me queira de querer-vos"*

Ou seja: ninguém tente dissuadir-me de querer-vos.

Verso 12. *"Que basta estar em vós minha esperança"*

Oração causal (porque basta estar...)

Interpretação Dirigida

Leia, com atenção, o soneto transcrito. Responda, depois, às questões de **26 a 43**, elegendo uma das alternativas.

5
De quantas graças tinha, a Natureza
Camões

De quantas graças tinha, a Natureza
Fez um belo e riquíssimo tesouro,
E com rubis e rosas, neve e ouro,
Formou sublime e angélica beleza.

Pôs na boca os rubis, e na pureza
Do belo rosto as rosas, por quem mouro;
No cabelo o valor do metal louro;
No peito a neve em que a alma tenho acesa.

Mas nos olhos mostrou quanto podia
E fez deles um sol, onde se apura
A luz mais clara que a do claro dia.

Enfim, Senhora, em vossa compostura
Ela a apurar chegou quanto sabia
De ouro, rosas, rubis, neve e luz pura.

26. O autor e o estilo clássico do poema levam-nos a concluir que o soneto pertence à época do:
a) Medievalismo.
b) Renascimento.
c) Barroco.
d) Arcadismo.
e) Romantismo.

27. O poema clássico como este de Camões, possui várias características; uma delas o <u>formalismo</u> que se percebe, de pronto, quando se constata:
a) Ter um assunto original.
b) Ter um tema ideal.
c) Falar de criação.
d) Ser um soneto.
e) Idealizar a natureza.

28. Segundo o poeta, a moça foi criada:
a) Por Deus.
b) Pela natureza.
c) Pelos anjos.
d) Pelos céus.
e) Pela evolução.

29. Se você acertou a pergunta anterior, então percebeu mais uma característica do classicismo:
a) Cristianismo.
b) Medievalismo.
c) Paganismo.
d) Formalismo.
e) Misticismo.

30. O poeta valoriza a donzela:
a) No seu corpo.
b) Na sua alma.
c) No seu espírito.
d) Na sua personalidade.
e) No seu humor.

31. Se você acertou a pergunta anterior, então percebeu mais uma característica do classicismo:
a) Antropocentrismo.
b) Medievalismo.
c) Misticismo.
d) Teocentrismo.
e) Formalismo.

Questões 32, 33 e 34:

"De quantas graças tinha, a Natureza
Fez um belo e riquíssimo tesouro,
E com rubis e rosas, neve e ouro,
Formou sublime e angélica beleza."

32. A Língua conhece o objeto direto pleonástico:

a) Um belo e riquíssimo tesouro fê-lo a natureza.

b) Um belo e riquíssimo tesouro foi feito pela natureza.

c) A natureza e só ela fez um belo e riquíssimo tesouro.

d) A um belo e riquíssimo tesouro fez a natureza.

e) A natureza fez um tesouro belo e riquíssimo.

33. Riquíssimo está no grau:

a) Comparativo de superioridade.

b) Comparativo de inferioridade.

c) Superlativo absoluto sintético.

d) Superlativo absoluto analítico.

e) Superlativo relativo.

34. "... rubis e rosas, neve e ouro..." A esta repetição de conjunção e aditiva chamamos:

a) Metáfora.

b) Prosopopéia.

c) Hipérbato.

d) Assíndeto.

e) Polissíndeto.

Questões 35, 36, 37 e 38:

"Pôs na boca os rubis, e na pureza
Do belo rosto as rosas por quem mouro;
No cabelo o valor do metal louro;
No peito a neve em que a alma tenho acesa."

35. Rubis, no texto, é:

a) Pedra preciosa.

b) Os dentes.

c) A cor vermelha dos lábios.

d) A alvura dos dentes.

e) A brancura dos lábios.

36. Metal louro, no texto, representa:
a) As faces.
b) Metal precioso.
c) O vermelho dos lábios.
d) A cor dos cabelos.
e) A cor da pele.

37. A neve representa no texto:
a) Água a zero grau.
b) A cor da pele da moça.
c) A frieza com que era tratado.
d) A indiferença da alma do poeta.
e) A chama acesa da alma.

38. A palavra alma lembra a religiosidade, mas no contexto nos revela que a alma de que fala o poeta, deve representar o centro:
a) Da paixão.
b) Da fé.
c) Da amargura.
d) Do desespero.
e) Da ilusão.

Questões 39 e 40:

"Mas nos olhos mostrou quanto podia
E fez deles um sol onde se apura
A luz mais clara que a do claro dia."

39. A luz, no texto, é aquela:
a) Emanada do sol.
b) Emanada dos olhos da moça.
c) Projetada pelo claro dia.
d) Refletida no dia claro.
e) Que provém da noite escura.

40. Com luz no plural escreveríamos corretamente assim:

a) Onde se apura as luzes mais claras que a do claro dia.

b) Onde se apura as luzes mais claras que as do claro dia.

c) Onde se apura as luzes mais claras que as dos claros dias.

d) Onde se apuram as luzes mais claras que as do claro dia.

e) Onde se apura as luzes mais clara que as do claro dia.

Questões 41, 42 e 43:

"Enfim, Senhora, em vossa compostura
Ela a apurar chegou quanto sabia
De ouro, rosas, rubis, neve e luz pura."

41. Compostura, no texto, é:

a) Maneira comedida.

b) Postura.

c) Maneira austera.

d) Elegância.

e) Criação.

42. Senhora retoma um termo anterior:

a) Graças.

b) Natureza.

c) Tesouro.

d) Rubis.

e) Rosas.

43. "Ela" a apurar... "ela" retoma um termo anterior:

a) Graças.

b) Natureza.

c) Tesouro.

d) Rubis.

e) Rosas.

III
A Influência dos Cancioneiros Trovadores

Composições em versos de cinco sílabas (redondilha menor) ou de sete sílabas (redondilha maior), com as quais Camões recupera os modelos do Cancioneiro Geral. No século XVI, são duas as maneiras de versejar: medida velha, a tradicional (redondilhas) e a medida nova, importada da Itália por Sá de Miranda (decassílabos heróicos ou sáficos). A medida nova, então moderna, fez florescer o soneto, a écloga, a ode, a canção. Mas estamos falando aqui da medida velha e esta, no gênio de Camões, produziu o Vilancete, a Cantiga e a Esparsa. O vilancete é a composição formada por um mote, desenvolvido pelos versos que lhe seguem. A medida usada, no Vilancete, era a redondilha maior ou menor, versos de sete ou de cinco sílabas. A Cantiga apresentava um mote de quatro ou cinco versos que era o assunto. A glosa de oito a dez versos, retomava o assunto. A medida ainda era a redondilha. A Esparsa era formada por uma única estrofe de oito a dezesseis versos que desenvolviam em redondilhas, um assunto de caráter melancólico. Como se vê a Redondilha era a medida de todas estas composições tradicionais.

1
Verdes são os campos
Camões

Verdes são os campos
De cor de limão;
Assim são os olhos
Do meu coração.

Campo, que te estendes

Com verdura bela;
Ovelhas, que nela
Vosso pasto tendes;
De ervas vos mantendes
Que traz o Verão,
E eu das lembranças
Do meu coração.

Gados, que pasceis,
Com contentamento
Vosso mantimento
Não no entendereis;
Isso que comeis
Não são ervas, não:
São graças dos olhos
Do meu coração.

O tema é a exaltação dos verdes olhos da amada. Os olhos da amada são verdes como verdes são os campos. As ovelhas se abastecem do verde pasto e o sujeito lírico se abastece das lembranças da amada. Os gados se alimentam das verdes ervas mas não percebem que esse verde do campo é resultado dos olhos verdes de sua amada. Verdes são os campos. Verdes são os olhos da amada. O verde dos olhos dela dá causa ao verde do campo. Há uma identidade entre o poeta e o gado: ambos se alimentam dos olhos da moça. Os olhos da amada alimentam o gado (sentido real) e alimentam o poeta (sentido metafórico). O poema é uma Cantiga em redondilha menor: um mote de quatro versos onde se expõe o assunto e duas glosas de oito versos que, retomando o assunto, desenvolvem o mote. As redondilhas de cinco sílabas:

Ver/des/ são/ os/ cam/pos
1   2   3   4   5   X

As rimas guardam a seguinte posição:

Mote ABCB
1º glosa ou volta – DEEDDBFB
2º glosa ou volta – DEEDDBFB

O poeta invoca o campo, as ovelhas e o gado. Estes três substantivos exercem, pois, a função sintática de vocativo. O campo, porque se cobre de bela verdura; as ovelhas, porque se mantêm daquela verdura verde tal qual o poeta se mantém das lembranças. O gado porque pasta, alegre, as verdes verduras. Nem as ovelhas nem o gado entendem que se alimentam graças aos verdes olhos da amada. Sem eles, o campo seria deserto. Os verdes olhos dela fazem florir o campo. O ambiente é pastoril. Personificam-se o campo, as ovelhas e o gado. O verde dos olhos é a parte de toda beleza exuberante da amada.

2
Perdigão, perdeu a pena
Camões

Perdigão, perdeu a pena,
Não há mal que lhe não venha.

Perdigão, que o pensamento
Subiu a um alto lugar,
Perde a pena do voar,
Ganha a pena do tormento.
Não tem no ar nem no vento
Asas com que se sustenha:
Não há mal que lhe não venha.

Quis voar a uma alta torre,
Mas achou-se desasado;
E, vendo-se depenado

De puro penado morre.
Se a queixumes se socorre
Lança no fogo mais lenha:
Não há mal que lhe não venha.

Vilancete. Um mote de dois versos seguido de duas voltas ou glosas que desenvolvem o mote. Versos de redondilha maior.

Per/di/gão per/deu /a/ pe/na
1   2   3   4   5   6 7 X

É toante a rima no mote (pena/venha). Em ambas as voltas, as rimas obedecem à mesma posição: ABBAACC. São, pois, interpoladas e emparelhadas. Rodrigues Lapa, em Líricas escreve o seguinte: "... o fidalgo português Jorge da Silva tomou-se de amores pela filha do rei D. Manuel, a infanta D. Maria. O irmão da requestada, o rei D. João III, castigou a ousadia do apaixonado vassalo, mandando-o prender no Limoeiro. Camões, que também amava altamente, aproveitou o tema. Críticos posteriores tomaram o caso à letra e de Camões o próprio apaixonado da Infanta".
O tema deste Vilancete pode ser dado pelo refrão popular: "desgraça pouca é bobagem" ou " desgraça nunca vem só". Também lembra o mito de Ícaro. Tão ousado que seu voo se aproximou do sol. A temperatura derreteu-lhe as asas e ele se precipitou no abismo. Perdigão quis voar excessivamente alto, foi ousado. Cairam-lhe as penas; não pôde voar. Além de perder as penas somam-se ainda todos os males. O autor faz trocadilho com a palavra "pena":

Perde a pena de voar (a pena com que voa)
Ganha a pena do tormento (castigo, desgraça)
E, vendo-se depenado (sem pena)
De puro penado morre (dor sofrimento)

Tudo no poema é alegoria. O poema usa de perdigão para falar de um ser humano. "Voar" é sonhar, ilusão, fantasia, devaneio. Seu voo tem um destino: - "Alta torre" que é o ideal a ser conquistado, a vontade de ali ficar e sonhar. Quem fica desasado, fica aleijado. Quem lança no fogo mais lenha, agrava ainda mais a dor e o sofrimento. A antítese está presente, veja:

Perde a pena de voar
Ganha a pena do tormento.

Perde a possibilidade de atingir o sonho e ganha o sofrimento e a desgraça. Tudo porque aspirou mais do que lhe era permitido. "Perde a pena do voar" porque "o pensamento subiu a um alto lugar", daí "não há mal que lhe não venha". "Achou-se desasado", porque "quis voar a uma alta torre" daí "vendo-se depenado de puro penado morre". Há quem diga que a alegoria se refere ao próprio poeta e que, desafortunado, teve a ousadia de querer seduzir a infanta D. Maria. Quer se refira ou a Jorge da Silva ou ao próprio poeta, o vilancete é aviso àqueles que ousam ultrapassar os limites de sua capacidade. O tema é atualíssimo.

3
Mote Alheio
Camões

Vós, Senhora, tudo tendes,
Senão que tendes os olhos verdes.

Voltas

Dotou em vós Natureza
O sumo da perfeição,
Que o que em vós é senão

É em outras gentileza;
O verde não se despreza,
Que, agora que vós o tendes,
São belos os olhos verdes.

Ouro e azul é a melhor
Cor por que a gente se perde;
Mas a graça desse verde
Tira a graça a toda a cor.
Fica agora sendo flor
A cor que nos olhos tendes,
Porque são vossos... e verdes!

Aproveitando de toda a tradição medieval peninsular. Vilancete. Um mote de dois versos em que se destacam os "olhos verdes" da beleza da mulher amada. Os olhos verdes é a partida para tanto elogio. Os olhos verdes são muito mais belos que a tradicional beleza, principalmente, em Portugal, das mulheres de olhos azuis.

Mote. *"Vós, Senhora, tudo tendes, mas tendes o contra de terdes os olhos verdes"*

Versos 3 e 4. *"Que o que em vós é senão*
É em outras gentileza"

O que em vós é defeito bastaria para fazer formosa outra mulher.

Versos 10 e 11. Trocadilho.

"Mas a graça desse verde
Tira a graça a toda cor"

Versos 12 e 13. Metáfora.

"Fica agora sendo a flor
A cor que nos olhos tendes"

Verso 14. Aliteração.

"Porque são vossos... e verdes"

4
Endechas a Bárbara Escrava.
Camões

Aquela cativa
Que me tem cativo,
Porque nela vivo
Já não quer que viva.

Eu nunca vi rosa
Em suaves molhos,
Que para meus olhos
Fosse mais fermosa.

Nem no campo flores,
Nem no céu estrelas
Me parecem belas
Como os meus amores.

Rosto singular,
Olhos sossegados,
Pretos e cansados,
Mas não de matar.

Uma graça viva,
Que neles lhe mora,
Para ser senhora
De quem é cativa.

Pretos os cabelos,
Onde o povo vão
Perde opinião
Que os louros são belos.

Pretidão de Amor,
Tão doce a figura,
Que a neve lhe jura
Que trocara a cor.

Leda mansidão,
Que o siso acompanha;
Bem parece estranha,
Mas bárbara não.

Presença serena
Que a tormenta amansa;
Nela, enfim, descansa
Toda a minha pena.

Esta é a cativa
Que me tem cativo,
E, pois nela vivo,
É força que viva.

Endecha – espécie poética de gênero lírico, com estrofes de 4 versos e versos de cinco sílabas poéticas. Poema dedicado a uma cativa (escrava) com quem andava de amores na Índia. Chamava-se Bárbara. Tez escura ou negra, de olhos e cabelos negros.

1º quadra. Trocadilho.
Aquela cativa (escrava) *que me tem cativo* (apaixonado, atraído por ela), *porque nela vivo já não quer que viva.*

2º quadra. Compara a beleza da amada à beleza da rosa.

3º quadra. Persiste a comparação com a natureza.

4º quadra. Agora a descrição física: olhos espiritualmente sossegados. Contudo não é mulher fatal (olhos pretos e cansados mas não de matar).

5º quadra. Expressiva a antítese: senhora/cativa.

6º quadra. Fisicamente não é a mulher de Petrarca – Laura. Esta não tem claros os olhos e os cabelos. São negros.

7º quadra. A sua cor negra é mais bela que a brancura da neve.

8º quadra. Trocadilho com o nome da amada: Bárbara (a amada) não é bárbara (selvagem).

9º quadra. Todo o sofrimento do poeta busca a cura em sua presença serena.

10º quadra. Retoma o início, insistindo no trocadilho: cativa/cativo; vivo/viva.

Interpretação Dirigida

Leia, com atenção, os poemas transcritos. Responda, depois, às questões de 44 a 86.

5
Se Helena apartar
Camões

MOTE

Se Helena apartar
Do campo seus olhos,
Nascerão abrolhos.

VOLTAS

A verdura amena,
Gados, que pasceis,
Sabeis que a deveis
Aos olhos de Helena.
Os ventos serena,
Traz flores de abrolhos
O ar de seus olhos.

Faz serras floridas,
Faz claras as fontes
Se isto faz nos montes,
Que fará nas vidas?
Trá-las suspendidas,
Como ervas em molhos,
Na luz dos seus olhos.

Os corações prende
Com graça inumana;
De cada pestana
Uma alma lhe pende.
Amor se lhe rende
E, posto em geolhos,
Pasma nos seus olhos...

Vocabulário

Abrolho — Planta espinhosa; espinho

Pascer — Pastar

Amor — Deus do Amor; Cupido

Posto em geolhos — Ficar de joelho

44. O tema desta poesia:
a) Os espinhos que nascem no campo que a tanto encanta Cupido – deus do Amor.
b) A beleza dos olhos de Helena, cuja magia serena os ventos, embeleza a paisagem e fascina os que a veem, incluindo o próprio deus do Amor (Cupido).
c) O canto choroso e lamentoso do sujeito lírico, pois que perdeu os encantos dos olhos de Helena.
d) O canto da natureza: a verdura, os gados, os ventos; as serras floridas e as fontes claras.
e) Amor – Cupido – o deus do Amor sem o qual os ventos não são serenos, as flores serão abrolhos, as serras serão calvas e as fontes escuras.

45. Assinale a alternativa errada:
a) Vilancete de sete sílabas, com um mote de três versos, que se desenvolve em três voltas de sete.
b) Os primeiros doze versos (incluindo o mote), em que se referem os efeitos dos olhos de Helena na natureza: a verdura dos campos, a serenidade dos ventos, a transformação dos abrolhos em flores, o florescimento das serras e a claridade das fontes.
c) Os últimos doze versos (a partir de "Se isto faz nos montes") em que se referem os efeitos dos olhos de Helena em todos os que a veem.
d) Também nos últimos doze versos fala-se dos efeitos dos olhos de Helena: trazem as suas vidas suspensas e os corações presos ("de cada pestana / uma alma lhe prende") e o próprio Amor (Cupido) se ajoelha, rendido, perante a magia do seu olhar.
e) o esquema rimático do mote e cada uma das voltas é Abb/cddccBB (rima emparelhada e interpolada).

46. Todo o texto se organiza no sentido de realçar a beleza de Helena, concentrada na sedução do seu olhar, valendo-se o poeta de vários processos, entre eles, da adjetivação expressiva, de que não é exemplo:
a) A verdura amena.
b) Os ventos serena.
c) Graça inumana.

d) Faz serras floridas.
e) Faz claras as fontes.

47. O uso dos verbos no presente do indicativo, emprestando mais realidade aos efeitos dos olhos de Helena, de que não é exemplo:
a) Se Helena apartar.
b) Os ventos serena.
c) Os corações prende.
d) Amor se lhe rende.
e) Pasma nos seus olhos.

48. O aproveitamento da expressividade do futuro, (nascerão abrolhos) para exprimir:
a) Os efeitos desastrosos do eventual afastamento dos olhos de Helena.
b) A ideia segundo a qual sem a natureza não há vida.
c) O entendimento de que a natureza é sobrenatural.
d) O descompasso entre a natureza (sempre fértil) e os espinhos (metáfora da esterilidade).
e) O gosto amargo da vida sem amor, flores ou águas claras.

49. Outro verbo no futuro (que fará nas vidas?) veio para sugerir:
a) De forma dubitativa, os efeitos dos olhos de Helena nos homens.
b) De forma declarativa, a negação da vida em nome do eterno.
c) De forma conclusiva, o valor da natureza sobre os humanos.
d) De forma alternativa, os efeitos da vida ou da morte.
e) De forma explicativa, os recursos necessários para a natureza sobreviver.

50. Só uma das palavras grifadas é o sujeito do verbo:
a) Nascerão abrolhos.
b) Os ventos serena.
c) Faz flores.
d) Os corações prende.
e) Que fará nas vidas?

51. "Sabeis <u>que a deveis aos olhos de Helena</u>".
A oração grifada é subordinada substantiva:

a) subjetiva.

b) objetiva direta.

c) objetiva indireta.

d) predicativa.

e) apositiva.

52. Figura de linguagem que domina todo o poema:

a) Silepse.

b) Anacoluto.

c) Idiomatismo.

d) Hipérbole.

e) Polissíndeto.

53. *"Quando o verde dos teus olhos*
Se espalhar na plantação,
Eu te asseguro, não chores não, viu,
Que eu voltarei, viu, meu coração;
Eu te asseguro, não chores não, viu,
Que eu voltarei, viu, meu coração."
Asa Branca, de Luiz Gonzaga e Humberto Teixeira

A letra da música popular brasileira lembra os versos de Camões, principalmente na seguinte passagem:

a) *Se Helena apartar*
   Do campo seus olhos,
   Nascerão abrolhos.

b) *Gado que pasceis*
   Sabei que a deveis
   Aos olhos de Helena

c) *Os corações prende*
   Com graça inumana.

d) *De cada pestana*
   Uma alma lhe prende

e) *Amor se lhe rende*
   E, posto em geolhos
   Pasma nos seus olhos.

54. *Se Helena apartar*
Do campo seus olhos,
Nascerão abrolhos

Na ordem direta:

a) Abrolhos nascerão se Helena apartar seus olhos do amante.
b) Nascerão abrolhos se apartar Helena seus olhos do campo.
c) Abrolhos nascerão se Helena apartar seus olhos do campo.
d) Nascerão abrolhos se Helena seus olhos apartar do campo.
e) Abrolhos nascerão se Helena seus olhos do campo apartar.

55. No "Mote" vamos alterar a conjunção, mantendo o mesmo sentido:
a) Helena aparta do campo seus olhos, porque nascem abrolhos.
b) Helena aparta do campo seus olhos, embora nasçam abrolhos.
c) Helena aparta do campo seus olhos, para nascerem abrolhos.
d) Helena aparta do campo seus olhos, quando nascem abrolhos.
e) Helena aparta do campo seus olhos, então nascerão abrolhos.

56. No "Mote", vamos colocar pronomes no lugar de "seus olhos" e "abrolhos":
a) Se Helena apartar-lhe do campo, estes nascerão.
b) Se Helena apartá-los do campo, eles nascerão.
c) Se Helena apartá-lo do campo, nascer-lhes-ão.
d) Se Helena o apartar do campo, nascê-lo-ão.
e) Se Helena apartar eles do campo, eles nascerão.

Questões de 57 a 86:

Descalça vai pera a fonte
Camões

MOTE

Descalça vai pera a fonte
Leanor, pela verdura;
Vai fermosa, e não segura.

VOLTAS

Leva na cabeça o pote,
O testo nas mãos de prata,
Cinta de fina escarlata,
Sainho de chamalote;
raz a vasquinha de cote,
Mais branca que a neve pura.
Vai fermosa, e não segura.

Descobre a touca a garganta,
Cabelos de ouro e entrançado,
Fita de cor de encarnado,
Tão linda que o mundo espanta.
Chove nela graça tanta,
Que dá graça à fermosura.
Vai fermosa, e não segura.

Vocabulário

Testo – Tampa de barro para o pote.
Escarlata – Tecido vermelho de lã.
Sainho – Casaco curto.
Chamalote – Tecido similar ao tafetá com efeitos ondulados.
Vasquinha – Saia com muitas pregas.
De cote – De uso diário.
Encarnado – Que tem cor de sangue. Vermelho.

57. *Descalça vai pera a fonte*
Leanor, pela verdura;
Vai fermosa, e não segura.

Este é o "Mote". Então, é fácil inferir que "Mote" é:

a) Versos que servem de tema ao poema.

b) Motejo.

c) Epígrafe.

d) Dito picante, zombaria.

e) Título de um escrito.

58. O poeta traça o retrato de Leanor quando esta vai buscar água à fonte. O assunto desenvolve-se, tendo em vista destacar:

a) O pote que Leanor leva na cabeça.

b) O testo (a tampa) do pote.

c) As mãos de prata de Leanor (mãos brancas como a cor da prata).

d) A cinta escarlata, cinta vermelha, feita de tecido de lã da mesma cor.

e) A graça e a beleza de Leanor.

59. *"O testo nas mãos de prata*
Cabelos de ouro entrançado"

Sabemos, então, a donzela é branca (como a prata) e os cabelos louros (como o ouro) características do tipo de mulher:

a) Romântica.

b) Futurista.

c) Clássica.

d) Surrealista.

e) Moderna.

60. *"Chove nela graça tanta"*

Sujeito do verbo chover:

a) Inexistente.

b) Indeterminado.

c) Ela (Leanor).

d) Graça.

e) Tanta.

61. "Chove nela graça tanta"

A graça era em Leanor tão abundante como a chuva. Então, a figura de:
a) Pleonasmo.
b) Hipérbole.
c) Anacoluto.
d) Silepse.
e) Solecismo.

62. "Sainho de chamalote;
Traz a vasquinha de cote"

Os diminutivos "sainho" (casaquinho) e "vasquinha" (sainha com muitas pregas) são expressivos. Sugerem a ideia de:
a) Grandiosidade e fascinação.
b) Eloqüência e sagacidade.
c) Independência e liberdade.
d) Graciosidade e simpatia.
e) Ousadia e atrevimento.

63. "Tão linda <u>que o mundo espanta</u>"

A oração grifada é adverbial consecutiva. Outra oração do poema tem o mesmo valor:
a) Descalça vai pera a fonte
   Leanor pera a verdura.
b) Leva na cabeça o pote,
   O testo nas mãos de prata.
c) Traz a vasquinha de cote
   Mais branca **que a neve pura.**
d) Descobre a touca a garganta,
   Cabelos de ouro entrançado
e) Chove nela graça tanta,
   Que dá graça à fermosura.

64. Observe: "Cinta escarlata", "sainho de chamalote", "vasquinha de cote", "touca e fita vermelha nas tranças". São graciosas as peças de vestuário. Assim, pretende o poeta transferir esta graciosidade para:

a) Os pés de Leanor (descalça vai à fonte).

b) A cabeça de Leanor (leva na cabeça o pote).

c) A cintura de Leanor (cinta de fina escarlata).

d) A garganta de Leonar (descobre a touca a garganta).

e) A Leonar simplesmente (chove nela graça tanta).

65. Predominam, neste retrato, muito mais a graça e a beleza espiritual de Leanor do que sua forma e beleza físicas. É o amor em sua concepção:

a) Erótica.

b) Platônica.

c) Vulgar.

d) Carnal.

e) Realista.

66. O poema é formado de versos:

a) De redondilha maior.

b) De redondilha menor.

c) Decassílabos heróicos.

d) Decassílabos sáficos.

e) Alexandrinos.

67. A rima é emparelhada e interpolada como se percebe facilmente no esquema rimático:

a) ABA – CCDDCCD – CCDDCCD.

b) AAA – CCCDDDA – CCCDDDA.

c) ABB – CDDCCBB – CDDCCBB.

d) ABA – CDCDCDC – CDCDCDC.

e) ABB – CCDDCCD – CCDDCCD.

68. Esta composição poética de Camões, de caráter campesino e elementos bucólicos (a fonte, o caminho cheio de verdura) está na linha da poesia:

a) Épica renascentista.

b) Trovadoresca medieval.

c) Parnasiana realista.

d) Lírica, em forma de soneto.

e) Idílica, em forma de acalanto.

69. Observe:

Chove nela graça tanta,
O testo nas mãos de prata,
Cabelos de ouro entrançado

Ou seja:

Como se chovesse nela graça tanta,
como se as mãos fossem de prata,
como se os cabelos fossem de ouro entrançado

Então:

a) Anacoluto.

b) Pleonasmo.

c) Metáfora.

d) Assíndeto.

e) Silepse.

70. A personificação dá vida humana a quem não a tem, como neste verso:

a) Vai fermosa, e não segura.

b) descalça vai pera a fonte.

c) Leva na cabeça o pote.

d) O testo nas mãos de prata.

e) Tão lindo que o mundo espanta.

71. *"Descalça vai pera a fonte*
    Leanor pela verdura
    Vai fermosa, e não segura.

O adjetivo "não segura" se opõe ao adjetivo "fermosa". Então, no texto, a conjunção coordenativa "e", normalmente aditiva, tem o valor de:

a) Adversativa.
b) Alternativa.
c) Conclusiva.
d) Explicativa.
e) Causal.

72. *"Vai fermosa, e não segura"*

As qualidades físicas da donzela são fascinantes: fermosa, mãos de prata, cabelos de ouro. Mas há uma qualidade que é psíquica: "não segura". Leanor vai insegura, porque vai:

a) Com medo das artimanhas do amor.
b) Descalça pela verdura para a fonte.
c) Indecisa quanto à autenticidade de sua beleza.
d) Preocupada com o pote de barro que leva à cabeça.
e) Frígida, já que a touca lhe descobre a garganta.

Texto para as questões 73, 74 e 75:

Descalça vai para a fonte
Rodrigues Lobo

Descalça vai para a fonte
Leonor pela verdura;
Vai fermosa, e não segura

Leva na mão a rodilha,
Feita da sua toalha;
Com uma sustenta a talha,
Ergue com outra a fraldilha;

Mostra os pés por maravilha,
Que a neve deixam escura:
Vai fermosa, e não segura.

As flores, por onde passa,
Se o pé lhe acerta de pôr,
Ficam de inveja sem cor,
E de vergonha com graça;
Qualquer pegada que faça,
Faz florescer a verdura:
Vai fermosa, e não segura.

Vocabulário

Rodilha – Pano para por sobre a cabeça no transporte de talha ou pote.

Talha – Jarro bojudo de cerâmica.

Fraldilha – Avental feminino, finamente bordado.

73. Predomina, no texto de Camões, a vestimenta de Leanor: cinta de fina escarlata, sainho de chamalote, vasquinha de cote, a touca, a fita de cor de encarnado. Predomina, no texto de Rodrigues Lobo
a) O jarro que Leonor leva na cabeça
b) O avental que ela levemente levanta com uma das mãos
c) Os pés de Leonor, pisando flores e corações.
d) O cenário por onde passa Leonor
e) A água que jorra na fonte – encontro de enamorados.

74. *"Mostra os pés por maravilha*
    Que a neve deixam escura"

O segundo verso na voz passiva:

a) Mostra os pés por maravilha
   Que são deixados escuros pela neve.

b) Mostra os pés por maravilha
   Pelos quais a neve é deixada escura.

c) Mostra os pés por maravilha
   Que deixam a neve escura.

d) Mostra os pés por maravilha
   Em que deixam a neve escura.

e) Mostra os pés por maravilha
   Que a neve deixa escura.

75. *"As flores, por onde passa,*
    Se o pé lhe acerta de pôr,
    Ficam de inveja sem cor"

Oração principal do período:

a) As flores por onde passa.

b) Por onde passa.

c) Se o pé lhe acerta de pôr.

d) Ficam de inveja sem cor.

e) As flores ficam de inveja sem cor.

Texto para as questões 76 e 77:

Poema de Auto-Estrada
Antônio Gedeão

Voando vai para a praia
Leonor na estrada preta.
Vai na brasa de lambreta.
Agarrada ao companheiro
Na volúpia da escapada

Pincha no banco traseiro
Em cada volta da estrada.
Grita de medo fingido,
Que o receio não é com ela,
Mas por amor e cautela
Abraça-o pelo cintura.
Vai ditosa, e bem segura.

Vocabulário

Volúpia – Grande prazer dos sentidos e sensações

Pincha – Pula, salta

Ditosa – Feliz, afortunada

76. Leanor de Camões está para "verdura", assim como Leonor de Gedeão está para:

a) A praia.
b) A lambreta.
c) O asfalto.
d) A brasa.
e) A cintura do namorado.

77. "Mas por amor e cautela
   Abraça-o pela cintura"

"Mas" é conjunção adversativa. Nega, pois, parcialmente um termo anterior. No texto, "mas" nega:

a) Agarrada ao companheiro.
b) Pincha no banco traseiro.
c) Grita de medo.
d) Receio não é com ela.
e) Abraça-o pela cintura.

Texto para as questões 78 a 86:

Olha que coisa mais linda
Vinícius de Moraes

*Olha que coisa mais linda
Mais cheia de graça
É ela menina
Que vem e que passa
Seu doce balanço
Caminho do mar
Moça do corpo dourado
Do sol de Ipanema
O seu balançado
É mais que um poema
É a coisa mais linda
Que eu já vi passar
Ah! Por que estou tão sozinho?
Ah! Por que tudo é tão triste!
Ah! A beleza que existe
A beleza que não é só minha
Que também passa sozinha
Ah! Se ela soubesse
Que quando ela passa
O mundo interinho
Se enche de graça
E fica mais lindo
Por causa do amor.*

78. Leanor de Camões está para a "fonte", assim como a Garota de Ipanema de Vinicius está para:

a) O mar.
b) O sol de Ipanema.
c) O mundo que se enche de graça.
d) O corpo dourado.
e) O balançado (movimento do corpo).

79. Procure no texto de Vinicius um verso que equivale ao seguinte verso de Camões: "Tão linda que o mundo espanta"

a) Olha que coisa mais linda.
b) Mais cheia de graça.
c) Ah! Por que tudo é tão triste?
d) O mundo inteirinho se enche de graça.
e) Ah! Por que estou tão sozinho?

80. "Ah! A beleza que existe"

Com "beleza" no plural só fica errada a seguinte frase:

a) Ah! As belezas que existem.
b) Ah! As belezas que hão de existir.
c) Ah! As belezas que hão de haver.
d) Ah! As belezas que ia haver.
e) Ah! AS belezas que houve.

**81. "Moça do corpo dourado
       Do sol de Ipanema"**

O segundo verso tem o valor sintático de:

a) Aposto.
b) Adjunto adverbial de causa.
c) Objeto indireto.
d) Complemento nominal.
e) Vocativo.

82. Leanor de Camões está graciosamente vestida. A Garota de Ipanema traz pouca indumentária. Percebe-se isto no verso:

a) Olha que coisa mais linda.
b) Moça do corpo dourado.
c) Ah! Por que estou tão sozinho.
d) A beleza que não é só minha.
e) Que também passa sozinha.

83. É possível inferir que o andar da Garota de Ipanema de Vinicius assemelha-se ao andar de Leanor de Camões, principalmente quando se lê este verso:

a) Olha que coisa mais linda.

b) Mais cheia de graça.

c) É ela menina.

d) Quem vem e que passa.

e) Seu doce balanço.

84. Leanor de Camões "descalça vai pera a fonte". A Garota de Ipanema:

a) Olha a coisa mais linda.

b) Quase nua vai para o mar.

c) É menina que vem e que passa.

d) Moça do corpo dourado.

e) É mais que um poema.

85. Ambos os poemas, o de Camões e o de Vinicius, foram escritos, respectivamente, nos séculos:

a) XIV e XXI.

b) XV e XIX.

c) XV e XX.

d) XVI e XX.

e) XVII e XXI.

86. Leanor e Garota de Ipanema podem representar o costume moral de sua respectiva época, quer seja:

a) Ousado e depravado.

b) Reprimido e tímido.

c) Eloqüente e acanhado.

d) Contido e liberal.

e) Retraído e acalentado.

IV
A Auto-Análise do Sujeito Lírico

Em algumas poesias, Camões nos revela o que há de mais íntimo e profundo no recôndito de sua alma: desenganos, frustração pessoal, pessimismo, revolta contra os fados, amargura, tragédia pessoal. No futuro, o romantismo irá desenvolver temas parecidos. Contudo, difícil um poeta que possa ombrear com Camões, mesmo nos poemas que revelem profunda decepção da vida e dos anseios de felicidade.

1
O dia em que nasci moura e pereça
Camões

O dia em que nasci moura e pereça,
Não o queira jamais o tempo dar;
Não torne mais ao mundo e, se tornar,
Eclipse nesse passo o Sol padeça.

A luz lhe falte, o Céu se lhe escureça,
Mostre o Mundo sinais de se acabar;
Nasçam-lhe monstros, sangue chova o ar,
A mãe ao próprio filho não conheça.

As pessoas pasmadas de ignorantes,
As lágrimas no rosto, a cor perdida,
Cuidem que o mundo já se destruiu.

Ó gente temerosa, não te espantes,
Que este dia deitou ao Mundo a vida
Mais desgraçada que jamais se viu!

O poeta parece ter-se inspirado no livro III de Job – Antigo Testamento. Vamos ao texto bíblico:
"Depois de tudo isto, Job abriu a boca e amaldiçoou o dia de seu nascimento. E falou desta maneira:
Pereça o dia em que nasci e a noite em que foi dito: "Foi concebido um varão!"
Converta-se esse dia em trevas! Deus lá do alto, não Se incomode com ele, nem a luz resplandeça sobre ele!
Apoderem-se dele as trevas e a obscuridade. Que as nuvens o envolvam e o eclipse o apavore!
Que a sombra o domine; não se mencione esse dia entre os dias do ano, nem se conte entre os meses!
Seja estéril tal noite e não se faça ouvir nela nenhum grito de alegria. Amaldiçoem-na os que aborrecem o dia e estão prontos a despertar Leviatã! Obscureçam-se as estrelas do seu crepúsculo; em vão espere a luz, e não veja abrirem-se as pálpebras da aurora, já que não fechou o ventre que me levou, nem afastou a miséria dos meus olhos!
Por que não morri no seio da minha mãe, ou não pereci ao sair das suas entranhas?
Por que encontrei joelhos que me acolheram e seios que me amamentaram?
Estaria agora deitado e em paz, dormiria e teria o repouso com os reis e os grandes da terra, que constroem mausoléus para si; com os príncipes que amontoam ouro e enchem de dinheiro as suas casas. Ou então, como o aborto escondido, eu não teria existido como as crianças que, concebidas, não chegam a ver a luz.
Ali os maus cessam as suas perversidades, ali repousam os exaustos de forças. Ali, estão tranquilos os cativeiros, já não ouvem a voz do exator. Ali, são iguais os pequenos e os grandes, o escravo não está submetido ao jugo do seu senhor.
Por que razão foi concedida a luz ao infeliz, e a vida àqueles cuja alma está desconsolada, os quais esperam a morte sem que ela venha, e a procuram com mais ardor do que um tesouro, que saltariam de júbilo e se encheriam de alegria e se encontrassem o sepulcro? Ao homem que não sabe por onde ir, e a quem Deus cerca de todos os lados?

Em lugar do pão tenho meus suspiros, e os meus gemidos derramam-se como a água. Todos os meus temores se realizam, e aquilo que me dá medo vem atingir-me. Não tenho paz, nem descanso, os meus tormentos impedem-me o repouso".

É evidente que Camões se baseou nas lamentações de Job. O poeta amaldiçoa o dia em que nasceu. Este é o tema do soneto. São versos decassílabos heróicos, portanto com acento na sexta e décima sílabas, exceto o último verso que é decassílabo sáfico, portanto com acento na quarta, oitava e décima sílabas. Esquema rimático ABBA, nas quadras e CDE - CDE nos tercetos. Visão apocalíptica e aterradora da desordem cósmica. Parece estarmos lendo, não só Job, mas o Apocalipse do evangelista João. O dia em que o poeta nasceu deitou ao mundo a vida mais desgraçada que jamais se viu, portando morra, pereça, não repita; contudo se tornar, a luz lhe falte, o sol se escureça, mostre o mundo sinais de se acabar, nasçam monstros, sangue chova o ar, a mãe ao próprio filho não conheça. O poeta talvez tivesse escrito no dia de seu aniversário. Observe:

Que este dia deitou ao mundo a vida
Mais desgraçada que jamais se viu.

"Este dia" e não "aquele dia". Só assim entendemos o sentido do texto. Não fosse isso, escreveria: "Que aquele dia deitou ao mundo..."
A multidão vai se apavorar com a cena apocalíptica. Não importa. Camões deseja-a, aceita-a e a encara com coragem. A maioria dos verbos, no presente do subjuntivo, faz as orações optativas, vontade de que a ação se realize: moura, pereça, não o queira, não torne, padeça, falte luz, escureça, mostre, nasçam, chova, não conheça, cuidem. O verbo no subjuntivo aguça o desejo de que realize a imagem bíblica da destruição do universo. Podemos dividir o soneto em duas partes lógicas: A Primeira, constituída de dois quartetos e do primeiro terceto, descreve o cenário apocalíptico do dia de seu nascimento. A Segunda, constituída do último terceto, o autor justifica aquele cenário apocalíptico. E a justificativa não é outra senão o dia de seu nascimento. O autor, no sentido de proclamar sua desgraça, recorre-se também ao pleonasmo (O dia em que nasci moura e pe-

reça); recorre ao tom hiperbólico (Eclipse nesse passo o sol padeça; mostre o mundo sinais de se acabar; nasçam-lhe monstros, sangue chova o ar, a mãe ao próprio filho não conheça, que este dia deitou ao mundo a vida/ mais desgraçada que jamais se viu). Recorre ao uso da ordem indireta para destacar o sentido que o complemento exerce no texto (Eclipse nesse passo o sol padeça – e não – o sol padeça eclipse nesse paço; A mãe ao próprio filho não conheça – e não – a mãe não conheça o próprio filho; Sangue chova o ar – e não – o ar chova sangue). As rimas nos quartetos e primeiro terceto, ainda que fora do poema, comunicariam a desgraça (pereça/padeça; escureça/conheça; ignorantes/espantes; perdida/vida). As rimas, no último verso do primeiro terceto e último do segundo terceto, em "i" para terminar com um grito de dor e desespero (destruiu/viu).

2
Erros meus, má fortuna, amor ardente
Camões

Erros meus, má fortuna, amor ardente
Em minha perdição se conjuraram;
Os erros e a fortuna sobejaram,
Que para mim bastava amor somente.

Tudo passei; mas tenho tão presente
A grande dor das cousas que passaram,
Que as magoadas iras me ensinaram
A não querer já nunca ser contente.

Errei todo o discurso de meus anos;
Dei causa a que a Fortuna castigasse
As minhas mal fundadas esperanças.

De amor não vi senão breves enganos,
Oh! quem tanto pudesse que fartasse
Este meu duro gênio de vinganças!

O poeta confessa, no soneto, que é vitima de três desgraças: erros, fortuna e amor. Todos eles associados, conjuraram-se para a perdição do sujeito lírico. Os "erros", substantivo de sentido negativo, foram do próprio poeta. Ele foi vítima dos erros que ele mesmo praticou. "Fortuna" é o que sucede por acaso, sucesso imprevisto, sorte, eventualidade, revés da sorte... e esta fortuna de que fala o poeta, foi "má", também conotação negativa. O amor é ardente, que arde, que queima, impiedoso. Também sugere, no contexto, sentido negativo. Contudo, para sua desgraça, os erros e a má fortuna sobraram, vieram em demasia, sobejaram, porque, para tanta desgraça, bastaria o amor ardente. "Tudo passei". O poeta olha o passado e recorda o infortúnio cruel. No presente, tira do passado uma lição: "A não querer já nunca ser contente", ou seja, deixar de ser contente a desejos, ou ainda nunca desejar ser feliz. O autor está consciente de que ele mesmo deu causa a tanta desgraça pelos erros que praticou durante toda a vida.

Errei todo o decurso de meus anos;
Dei causa a que a fortuna castigasse
As minhas mal fundadas esperanças.

Repete, na última estrofe, que sua maior desgraça foi o amor. O amor não foi senão breves enganos. E termina com a chave de ouro, um lamento pungente, um grito de desespero.

"Oh! Quem tanto pudesse, que fartasse
Esse meu duro gênio de vingança"

Ou seja: deve existir alguém com poder que satisfaça a sede de vingança do gênio que o persegue. Três infortúnios: erros, má fortuna, amor ardente. Os erros o poeta aponta no nono verso.

"Errei todo o discurso de meus anos"

A má fortuna, o poeta indica nos versos 5º, 6º, 10º e 11º.

"Tudo passei"
"A grande dor das causas que passaram"
"Dei causa a que a fortuna castigasse
As minhas mal fundadas esperanças"

O amor ardente é lembrado no 12º verso:

"Do amor não vi senão breves enganos"

O amor foram breves enganos. Então, em sua vida, sobejaram erros e má fortuna – o que bastariam para a desgraça total.
O primeiro verso se constrói em gradação por meio de assíndeto:

"Erros meus, má fortuna, amor ardente"

O autor personifica a Fortuna:

"Dei causa a que a Fortuna castigasse"

A antítese é muito expressiva quando associa o presente e o passado (Tenho tão presente/a grande dor das causas que passaram).
O soneto é constituído de versos decassílabos heróicos, ou seja, dez sílabas poéticas com pausa na sexta e décima sílabas.

Er/ros/ meus/, má/ for/tu/na, a/mor/ ar/den/te
1   2   3   4   5   **6** 7   8   9   **10** X

As rimas obedecem a seguinte posição: ABBA – ABBA – CDE – CDE.

3
Males, que contra mim vos conjurastes
Camões

Males, que contra mim vos conjurastes,
Quanto há de durar tão duro intento?
Se dura, porque dure meu tormento,
Baste-vos quanto já me atormentastes.

Mas se assim perfiais, porque cuidastes
Derrubar meu tão alto pensamento,
Mais pode a causa dele, em que o sustento,
Que vós, que dela mesma o ser tomastes.

E, pois vossa tenção, com minha morte,
Há de acabar o mal destes amores,
Dai já fim a um tormento tão comprido,

Porque de ambos contente seja a sorte:
Vós, porque me acabastes, vencedores;
E eu, porque acabei de vós vencido.

Parece-nos que aqui o poeta escreve em Ceuta – Norte da África para onde foi exilado. Lamenta não ter paz nesta vida, já que é vítima de um impossível amor. Os males se sucedem em sua vida.

Versos 1 e 2. Invoca os males, interrogando-os do tempo que ainda vão durar suas desgraças.

Versos 3 e 4. Se o duro intento (os males) dura para que dure seu tormento, já é bastante o que lhe tem atormentado.

Verso 5. *"Mas se assim perfiais"*
Verbo perfiar – confiar – do portugues medieval.

Versos 12, 13 e 14. A sorte estaria contente, porque ambos, os tormentos de um lado, o poeta de outro, teriam cumprido o que a sorte determinara. Sairão vencedores os males; ele contente ficará por vencido.

Observe o trocadilho: duro e intento/se dura/porque dure.
"Porque dure meu tormento" – oração final.

4
Em prisões baixas fui um tempo atado
Camões

Em prisões baixas fui um tempo atado,
Vergonhoso castigo de meus erros;
Inda agora arrojando levo os ferros,
Que a Morte, a meu pesar, tem já quebrado.

Sacrifiquei a vida a meu cuidado,
Que Amor não quer cordeiros nem bezerros;
Vi mágoas, vi misérias, vi desterros.
Parece-me que estava assim ordenado.

Contentei-me com pouco, conhecendo
Que era o contentamento vergonhoso,
Só por ver que cousa era viver ledo.

Mas minha Estrela, que eu já agora entendo,
A Morte cega e o Caso duvidoso
Me fizeram de gostos haver medo.

O poeta lamenta "as prisões baixas" a que foi atado, a ilusão do Amor, as mágoas, as misérias, os desterros, para concluir que agora conhece seu destino (sua Estrela): a morte cega e o Amor não correspondido (caso duvidoso) fizeram-no ter medo dos prazeres da vida.

Verso 3. Inda. Forma variante de ainda.

Verso 4. Que a morte, ao meu pesar, tem já quebrado... oração causal.

Verso 6. Que Amor não quer cordeiros nem bezerros... também oração causal.

Verso 11. Viver ledo. Viver alegre, viver alegremente.

"Aquela triste e leda madrugada".

Interpretação Dirigida

Leia, com atenção, o poema transcrito. Responda, depois, às questões de **87 a 98**, elegendo umas das alternativas.

5
O Desconcerto do Mundo
Camões

*Os bons vi sempre passar
No mundo graves tormentos;
E, para mais me espantar,
Os maus vi sempre nadar
Em mar de contentamentos.
Cuidando alcançar assim
O bem tão mal ordenado,
Fui mau; mas fui castigado.
Assim que só para mim
Anda o mundo concertado.*

A Auto-Análise do Sujeito Lírico

87. O termo "desconcerto" que se lê no título, etimologicamente significa desarmonia, desordem, desequilíbrio, (ausência de concerto), e por extensão:

a) Ódio.
b) Injustiça.
c) Revolução.
d) Inveja.
e) Calúnia.

88. Assinale a alternativa falsa:
Neste poema de Camões, o desconcerto é de tal maneira incontrolável que:

a) Quando sujeito se quer aproveitar do desconcerto do mundo, acaba por ser castigado.
b) O sujeito, nestas circunstâncias, não saberá como se deve conduzir.
c) Se o sujeito for bom, arrisca-se a passar "graves tormentos".
d) Se o sujeito for mau, poderá ser castigado.
e) Por isso, para o sujeito vale a pena ser às vezes bom, às vezes mau.

89. Vamos delimitar três momentos no desenvolvimento do tema:

Primeiro momento: os cinco primeiros versos, em que o sujeito foi verificando ("vi"), ao longo do tempo ("sempre"), que os bons eram castigados e os maus premiados.
Segundo momento: nos três versos seguintes, o sujeito, como resultado de sua observação, decide ser mau, porque entende ser essa a melhor forma de alcançar "o bem tão mal ordenado", porém acaba por ser castigado.
Terceiro momento: nos dois últimos versos, o sujeito conclui, ironizando, que afinal, só para ele "anda o mundo concertado" porque só ele foi castigado quando foi mau.

Use o código:
a) Desde que corretas apenas I e II.
b) Desde que corretas apenas I e III.
c) Desde que corretas apenas II e III.
d) Desde que todas corretas.
e) Desde que todas erradas.

90. Procure no texto a antítese de: "Os bons vi sempre passar/ No mundo graves tormentos".

a) "Os maus vi sempre nadar / Em mar de contentamentos".

b) Cuidando alcançar assim / O bem tão mal ordenado.

c) Fui mau.

d) Mas fui castigado.

e) Assim que só para mim / Anda o mundo concertado.

91. A expressão repetida "vi sempre" diz-nos que o sujeito:

a) Sempre sofreu.

b) Sempre foi mau.

c) Sempre foi bom.

d) Observou, pessoalmente, os acontecimentos, ao longo do tempo.

e) Entendeu que, neste mundo, sofrem os mais fracos.

92. Camões escreveu um dos mais belos poemas épicos da literatura portuguesa, intitulado "Os Lusíadas" que inicia com este verso:

a) As armas e os barões assinalados.

b) Cessem do sábio grego e do Troiano.

c) Dai-me uma fúria grande e sonorosa.

d) Já no largo oceano navegavam.

e) Porém já cinco sóis eram passados.

93. Camões foi o mais expressivo representante do estilo de época do:

a) Medievalismo.

b) Classicismo.

c) Barroco.

d) Arcadismo.

e) Romantismo.

94. Assinale a alternativa em que aparece uma palavra grifada com função de predicativo do sujeito:

a) Os bons vi sempre passar / No mundo graves tormentos.

b) Os maus vi sempre nadar / Em mar de contentamentos.

c) Cuidando alcançar assim / O bem tão mal ordenado.

d) Assim que só para mim.

e) Anda o mundo concertado.

95. *"Fui mau, mas fui castigado".*

Iniciando o período pela Segunda oração, vamos conservar o mesmo sentido que o autor lhe deu:

a) Fui castigado, embora fosse mau.

b) Fui castigado, para ser mau.

c) Fui castigado, quando fui mau.

d) Seria castigado, se tivesse sido mau.

e) Fui castigado, porque fui mau.

96. Rica é a rima que se processa entre duas palavras de classe gramatical diferente, como esta:

a) Passar / Espantar.

b) Espantar / Nadar.

c) Tormentos / Contentamentos.

d) Assim / Mim.

e) Castigado / Concertado.

97. Só uma destas frases está escrita erradamente:

a) Os bons sempre os vi passar no mundo graves tormentos.

b) Aos bons sempre vi passar no mundo graves tormentos.

c) Aos bons sempre os vi passar no mundo graves tormentos.

d) Os bons sempre lhes vi passar no mundo graves tormentos.

e) Os bons sempre foram vistos por mim passar no mundo graves tormentos.

98. Os <u>maus</u> vi sempre nadar
   Em mar de contentamentos
   Cuidando alcançar assim
   O bem tão <u>mal</u> ordenado.
   Fui <u>mau</u>, mas fui castigado

Maus – mal – mau

a) Adjetivo – substantivo – adjetivo.

b) Substantivo – adjetivo – adjetivo.

c) Substantivo – advérbio – adjetivo.

d) Adjetivo – substantivo – substantivo.

e) Advérbio – advérbio – adjetivo.

V
O Retrato Petrarquista da Mulher

Francesco Petrarca, poeta italiano, (1304 – 1374) exerce considerável influência sobre Camões. Primeiro, na forma, o soneto que Sá de Miranda introduziu em Portugal, buscando-o da Itália. Depois no tema. O tema da mulher petrarquista, espiritualmente bela, serena, doce, meiga. Se os olhos são belos, mais belo o olhar. Se a boca é bela, mais belos o movimento e o andar. Laura é a musa de Petrarca. Laura é, pois, o modelo de beleza a ser seguido. Imitação rigorosa da teoria da exaltação dos espirituais dotes femininos.

1
Um mover d'olhos, brando e piadoso
Camões

Um mover d'olhos, brando e piadoso,
Sem ver de quê; um riso brando e honesto,
Quase forçado; um doce e humilde gesto,
De qualquer alegria duvidoso;

Um despejo quieto e vergonhoso;
Um repouso gravíssimo e modesto;
Uma pura bondade, manifesto
Indício da alma, limpo e gracioso;

Um encolhido ousar; uma brandura;
Um medo sem ter culpa; um ar sereno;
Um longo e obediente sofrimento;

*Esta foi a celeste formosura
Da minha Circe e o mágico veneno
Que pôde transformar meu pensamento.*

É o retrato da mulher amada. É a beleza espiritual. Para descrever a amada como se propôs, o autor usa o esquema:

Artigo indefinido + Substantivo + Adjetivo

Um mover d'olhos - brando e piedoso, sem ver de quê;
Um riso – brando e honesto, quase forçado
Um gesto – doce e humilde, duvidoso de qualquer alegria
Um despejo – quieto e vergonhoso
Um repouso – gravíssimo e modesto
Uma bondade – pura
Indício de alma – manifesto, limpo e gracioso
Um ousar encolhido
Uma brandura
Um medo sem ter culpa
Um ar sereno
Um sofrimento longo e obediente

É o retrato de uma mulher indefinível. Basta analisar atentamente o paradoxo das adjetivações que lhe seguem. Veja como são estranhos os adjetivos. Que seria um mover de olhos piadoso? Movem-se os olhos, no entanto sem ver de quê! Se o riso é brando e honesto não pode ser forçado. Como pode um gesto doce e humilde ser duvidoso de qualquer alegria? Despejo é desembaraço. Como pode ele ser vergonhoso? Se o repouso é gravíssimo não poderia ser modesto. "Ousar" e "encolhido" são antitéticos. Quem ousa não é tímido. Medo sem culpa são ideias que não se coadunam. O sofrimento longo nunca poderia ser obediente. Mulher indefinível. Na primeira estrofe, invoca-se o retrato físico: olhar, riso e rosto –(gesto). Contudo, é do espírito que se cuida. Veja as estrofes que seguem. Aparência exterior (despejo, repouso, ar). Aparência interior, psicológica (bondade, medo, sofrimento). Antônio Moniz – no livro Para uma Leitura da Lírica Camoniana – Editorial Presença – "A figura representada é um ser completo, equilibrado, na harmonia dos contrários: calma e serena sem ser passiva, corajosa sem ser masculina, bondosa sem ser tola, sofredora sem ser masoquista".

A última estrofe é a chave de ouro. Circe é uma feiticeira mitológica. Na Odisséia de Homero, transforma os companheiros de Ulisses em porcos. Persiste, na última estrofe, o paradoxo. Celeste formosura, Circe, mágico veneno. Esta mulher, uma formosura dos céus, feiticeira como Circe, veneno mágico que mata, transformou meu pensamento. Mulher indefinível, inacessível e misteriosa. Mesmo nas rimas, o poeta insiste nos paradoxos: piadoso/duvidoso; vergonhoso/gracioso; sereno/sofrimento; sereno/veneno.

2
Ondados fios de ouro reluzente
Camões

Ondados fios de ouro reluzente,
Que, agora da mão bela recolhidos,
Agora sobre as rosas estendidos,
Fazeis que sua beleza se acrescente;

Olhos, que vos moveis tão docemente,
Em mil divinos raios encendidos,
Se de cá me levais alma e sentidos,
Que fora, se de vós não fora ausente?

Honesto riso, que entre a mor fineza
De perlas e corais nasce e pereça,
Se na alma em doces ecos não o ouvisse;

Se, imaginando só tanta beleza,
De si em nova glória a alma se esquece,
Que fará quando a vir? Ah! quem a visse!

A mulher é idealizada. Na sua exaltação, o poeta destaca os cabelos, os olhos e o riso, o rosto, os dentes, os lábios, contudo realçando as qualidades morais. Ele imagina sua formosura, já que a amada está ausente. Imaginando, a beleza é ideal, platônica. Presente a influência petrarquista quando idealiza uma mulher, destacando nela as qualidades morais: a doçura, a graça, a honestidade. No último terceto, revela a vontade de vê-la. "Que será quando a vir? Ah! Quem a visse!". A metáfora é o recurso de que usou para descrever a mulher.

"Ondados fios de ouro reluzente" são os cabelos loiros ondeados e brilhantes.

"Agora sobre as rosas estendidos"
Cabelos estendidos sobre o rosto

"Em mil divinos raios encendidos"
Olhos excessivamente brilhantes

"Honesto riso que entre a mor fineza
De perlas e corais nasce a parece"
Honesto riso que entre a mor fineza
Nasce e aparece dos dentes e lábios.

"A alma se esquece"
A alma se extasia.

Os atributos da amada são qualidades próprias de uma jóia como o ouro, as pérolas e até os corais. É coerente, pois, a exclamação, no último verso, depois de imaginar tanta beleza: "que fará a alma quando a vir?" Os verbos ouvir e ver, no imperfeito do subjetivo – ouvisse – visse – no final do verbo, rimando entre si, realçam expressivamente a sensibilidade do poeta. Até o primeiro terceto, o poeta imagina. No último terceto, quer ver. Seria o último verso, a vontade da realização carnal, contrariando assim a visão platônica do amor e da beleza petrarquista?

3
Dizei, Senhora, da beleza
Camões

Dizei, Senhora, da Beleza ideia
Para fazerdes esse áureo crino,
Onde fostes buscar esse ouro fino?
De que escondida mina ou de que veia?

Dos vossos olhos essa luz febeia,
Esse respeito, de um império dino,
Se o alcançastes com saber divino,
Se com encantamentos de Medeia?

De que escondidas conchas escolhestes
As perlas preciosas orientais,
Que, falando, mostrais no doce riso?

Pois vos formastes tal como quisestes,
Vigiai-vos de vós, não vos vejais,
Fugi das fontes, lembre-vos Narciso.

Descrição petrarquista da mulher. Beleza contemplativa. O sensualismo está contido. A beleza dos cabelos e da luz dos olhos. Não são os lábios belos. É o doce riso. No final um conselho. Narciso, de tanto contemplar seu rosto na fonte, caiu nas águas e faleceu. Então, mulher, evite as fontes, pois pode ter o mesmo destino.

Verso 2. *Crino*. Cabeleira, crina. O dicionário não registra a forma masculina.

Verso 5. *Luz febeia*. Luz do sol.

Verso 6. *Dino*. Digno.

Verso 10. *Perlas.* Pérolas.

Verso 14. *Lembre-vos Narciso.* O sujeito do verbo é "Narciso". Entenda-se então: que Narciso lembre a vós, senhora.

Verso 8. *Medeia.* Na mitologia grega, esposa de Jasão. É uma das personagens mais terrivelmente fascinantes da mitologia ao envolver sentimentos contraditórios e profundamente cruéis.

4
Qual tem a borboleta por costume
Camões

Qual tem a borboleta por costume,
Que, enlevada na luz da acesa vela,
Dando vai voltas mil, até que nela
Se queima agora, agora se consume;

Tal eu correndo vou ao vivo lume
De esses olhos gentis, Aônia bela,
E abraso-me, por mais que com cautela
Livrar-me a parte racional presume.

Conheço o muito a que se atreve a vista,
O quanto se levanta o pensamento,
O como vou morrendo claramente;

Porém não quer Amor que lhe resista,
Nem a minha alma o quer, que em tal tormento,
Qual em glória maior, está contente.

Tal qual a borboleta, que, por amor à luz, se queima e se consome, assim também o poeta, por amor à luz dos olhos da amada, se abrasa em sua chama. Racionalmente, entende o quanto vai morrendo nesse suplício.

Porém, embora morrendo, está contente, tal qual em maior glória. Camões parafraseia um soneto de Petrarca:

"Come talora al caldo tempo sole
Semplicetta farfalla al lume avvezza.
Volar negli occhi altrui per sua vaghezza".

No soneto de Petrarca, a borboleta voa em torno dos olhos da amada. No soneto de Camões, voa em torno da vela. O amor para Camões é atrevimento.

Verso 1. *Borboleta.* Nome comum a todos os insetos alados da ordem dos lepidópteros. Aqui se refere à mariposa.

Verso 6. *Aônia.* Anagrama de Joana.

Interpretação Dirigida

Leia, com atenção, o soneto transcrito. Responda, depois, às questões de **99 a 112**, elegendo uma das alternativas.

5
Quando o Sol encoberto vai mostrando
Camões

Quando o Sol encoberto vai mostrando
Ao mundo a luz quieta e duvidosa,
Ao longo de uma praia deleitosa
Vou na minha inimiga imaginando.

Aqui a vi, os cabelos concertando;
Ali, com a mão na face tão formosa;
Aqui falando alegre, ali cuidosa;
Agora estando queda, agora andando.

Aqui esteve sentada, ali me viu,
Erguendo aqueles olhos tão isentos;
Comovida aqui um pouco, ali segura;

Aqui se entristeceu, ali se riu;
E, enfim, nestes cansados pensamentos
Passo esta vida vã, que sempre dura.

Do livro "Camões Lírico", Antônio Afonso Borregana – Texto Editora – páginas 31 a 33

99. Certamente, o assunto do poema, na sua essência, é o seguinte:

a) o poeta, ao longo de uma praia e à luz de um sol tímido, evoca diversas atitudes contraditórias da sua amada, concluindo que assim está condenado a levar uma vida sem sentido;

b) o movimento circular de que é exemplo a primeira quadra: os três primeiros versos vão traçando círculos de diâmetro mais apertado – a rota do sol, a esfera do mundo, a curva da praia – até o último verso da quadra revelar o poeta – centro de tudo ("vou na minha inimiga imaginando");

c) um retrato de mulher, pintado de cima para baixo – os cabelos, a face, a boca (sugerida através do verbo falar), finalmente o vulto todo, ora estático, ora em movimento;

d) um retrato interior de uma mulher onde aparecem comoção, segurança, tristeza, alegria – o que acaba por dar ao conjunto do retrato o perfil psicológico;

e) a imagem de uma mulher irreal, miragem – que o deserto da praia, sob a luz quieta e duvidosa de um sol encoberto, não cessa de ir produzindo.

100. O desenvolvimento do assunto se faz dividido em três partes lógicas:

Na primeira parte (primeira quadra), o poeta descreve o espaço ("ao longo de uma praia deleitosa") e o tempo ("o sol encoberto; de luz incerta e duvidosa") em que ele estava imaginando a sua amada.
Na segunda parte (segunda quadra, primeiro terceto e primeiro verso do segundo terceto), o poeta faz a descrição evocativa da sua amada, apontando as suas atitudes contraditórias.
Finalmente, na terceira parte (dois últimos versos), o poeta, a título de conclusão, aponta as repercussões das atitudes contraditórias da mulher amada na sua vida (sempre vã, sem sentido).

Responda assim:
a) desde que corretas I, II e III.
b) desde que corretas apenas I e II.
c) desde que corretas apenas II e III.
d) desde que corretas apenas I e III.
e) desde que erradas I, II e III.

101. O adjetivo expressivo tem função primordial na caracterização do estado de espírito, quer do poeta, quer da sua namorada. Assinale a alternativa falsa:

a) Logo na primeira quadra, o poeta afirma que vai imaginando na sua "inimiga". Esse adjetivo substantivado sugere não só a falta de correspondência da sua namorada, como também um certo ciúme da parte do poeta;
b) "Inimiga" contrapõe-se àquilo que deveria ser uma namorada: amiga;
c) A praia era "deleitosa". O adjetivo "deleitosa" funciona como antítese do estado de vida amargurada que a incerteza da amada provoca no poeta;
d) Os adjetivos referentes ao tempo (sol "encoberto", luz "quieta" e "duvidosa") são a premonição da luz que se vai apagando na alma do poeta. A própria natureza prevê e sente a tristeza do poeta;
e) Ainda a caracterizar o estado psíquico do poeta encontramos: "cansados" pensamentos e vida "vã". No texto, ambos os adjetivos ("cansados" e "vã") têm o mesmo sentido.

102. Vejamos agora a caracterização da namorada, segundo a memória do poeta. Assinale a falsa:

a) Um adjetivo expressivo: face "formosa". Note o valor adverbial destes dois adjetivos: "Aqui falando <u>alegre</u>, ali <u>cuidosa</u>".

b) Olhos "isentos" (despreocupados, não interessados no poeta); "Comovida aqui, ali segura". A expressividade destes dois adjetivos ressalta pelo fato de tratar-se de adjetivação antitética, como também antitéticos os advérbios "aqui" e "ali".

c) Aliás, toda a caracterização da namorada (caracterização indireta pelas suas atitudes) é feita por contrastes ou antíteses: "Aqui a vi, os cabelos concertando"; / "Ali com a mão na face tão formosa"; / "Aqui falando alegre, ali cuidosa"; / "agora estando queda, agora andando"; / "Aqui se entristeceu, ali se riu".

d) Tudo é belo na namorada: a face (formosa), quando fala (alegre); outras vezes recatada (cuidosa). Porém os cabelos não merecem a admiração do poeta como se deduz do verso: "Aqui a vi, os cabelos concertando".

e) É de realçar a visualidade que a conjugação perifrástica e o uso do gerúndio imprimem à descrição: "vai mostrando"; "vou imaginando"; "os cabelos concertando"; "falando alegre"; "estando queda"; "andando"; "erguendo aqueles olhos". Assim temos a sensação de ver o poeta a imaginar e a namorada a agir.

103. O tempo é cronológico... O poeta fala do presente, do passado e do futuro. Observe:

No princípio do poema aparece-nos o presente ("Quando o sol... vai mostrando, vou... imaginando"). E o presente do poeta é a hora da meditação da sua perplexidade, do seu sofrimento.
Logo que o poeta começa a evocar a sua amada, surge o passado (vi, esteve, entristeceu). O passado é, pois, a experiência vivida, que não dá ao poeta felicidade no presente.
A segunda oração do último verso fala do futuro ("Passo esta vida vã, <u>que sempre dura</u>"). E o futuro não deixa margem ao otimismo. O poeta continuará no futuro, uma vida sem sentido.

Responda assim:

a) Desde que corretas I, II e III.

b) Desde que corretas apenas I e II.

c) Desde que corretas apenas II e III.

d) Desde que corretas apenas I e III.

e) Desde que erradas I, II e III.

104. Leia ambas as proposições:

O retrato da mulher é sobretudo psíquico. As suas atitudes, mesmo quando físicas, revelam qualidades da alma. ("cabelos concertando"; "mão na face"; "falando alegre"; "ali cuidadosa"; "agora queda"; "agora andando"...).
Mas, quando o poeta a apelida de inimiga, revelando a queixa de não ser correspondido, condenado a levar uma vida vã (sem a correspondência da namorada), já duvidamos que o seu amor se contenha dentro dos limites do amor espiritual.

As proposições I e II falam, respectivamente, do amor:

a) Erótico e carnal.

b) Carnal e erótico.

c) Platônico e sensual.

d) Venéreo (de Vênus) e petrarquista (de Petrarca).

e) Carnal e espiritual.

105. Só uma das palavras ou expressões grifadas tem a função sintática de objeto direto:

a) "Quando o sol encoberto vai mostrando / Ao mundo a luz quieta e duvidosa...".

b) "Aqui falando alegre"

c) "Aqui a vi, os cabelos concertando..."

d) "Agora estando queda, agora andando"

e) "Aqui esteve sentada, ali me viu..."

106. Quando o Sol encoberto vai mostrando
Ao mundo a luz quieta e duvidosa,
Ao longo de uma praia deleitosa
Vou na minha inimiga imaginando.

Oração principal:
a) Quando o sol encoberto vai mostrando.
b) Quando o Sol encoberto vai mostrando / Ao mundo a luz quieta e duvidosa.
c) Quando o Sol encoberto vai mostrando / Ao mundo a luz quieta e duvidosa, / Ao longo de uma praia deleitosa.
d) Ao longo de uma praia deleitosa / Vou na minha inimiga imaginando
e) Vou na minha inimiga imaginando.

107. Identifique a figura de linguagem prosopopéia ou seja, a personificação, animização:
a) Quando o sol encoberto vai mostrando / Ao mundo a luz quieta e duvidosa.
b) Ao longo de uma praia deleitosa / Vou na minha inimiga imaginando.
c) Aqui a vi, os cabelos concertando; / Ali, com a mão na face tão formosa.
d) Aqui falando alegre, ali cuidosa; / Agora estando queda, agora andando.
e) Aqui esteve sentada, ali me viu, / Comovida aqui um pouco, ali segura.

108. Sobre as características do Renascimento, estilo de época em que se inserem os sonetos de Camões, só é falso o seguinte:
a) o homem é guiado pela ciência.
b) o destino das nações é conduzido por Deus.
c) volta à cultura greco-latina.
d) vontade de glória e fama terrenas.
e) o modelo de vida e arte é a natureza.

109. Camões escreveu versos famosos. Só em uma alternativa não aparecem versos de sua autoria:
a) Amor é fogo que arde sem se ver, / É ferida que dói e não se sente...
b) Só a leve esperança, em toda a vida, / Disfarça a pena de viver, mais nada.
c) Alma minha gentil que te partiste, / Tão cedo desta vida descontente.
d) Sete anos de pastor Jacó servia / Labão, pai de Raquel, serrana bela.
e) Transforma-se o amador na coisa amada, / Por virtude de muito imaginar.

110. *"Erguendo aqueles olhos tão isentos"*. **Se os olhos da moça estão isentos, então os olhos dela estão:**

a) Limpos, claros, livres.

b) Desprovidos de alguma coisa, talvez de luz e claridade.

c) Sós, solitários, isolados.

d) Irresolúveis, insolúveis, olhos que não oferecem soluções.

e) Despreocupados, não presos no poeta, indiferentes ao poeta.

111. Rima rica opera-se entre palavras de diferente classe gramatical; rima pobre opera-se entre palavras de mesma classe gramatical. Classifique as rimas:

    duvidosa / deleitosa
    isentos / pensamentos
    segura / dura

a) Rica, pobre, rica.

b) Pobre, rica, rica.

c) Pobre, rica, pobre.

d) Rica, rica, rica.

e) Pobre, pobre, pobre.

112. Aqui a vi, os cabelos concertando. O sentido que o autor deu ao verbo concertar, é semelhante a este:

a) pôr em bom estado ou condição o que estava danificado ou estragado, como em "consertar o terno para ir ao baile".

b) harmonizar, conciliar, como em "é hábil em concertar opiniões divergentes".

c) pôr em boa ordem, dar melhor disposição, compor, ajustar, como em "examinou as luvas, concertou a gravata e só assim entrou no salão".

d) pactuar, combinar, como em "concertamos uma viagem que infelizmente não se realizou".

e) concordar, anuir, como em "todos concertaram em adiar a reunião".

VI
Os Efeitos Contraditórios do Amor

Embora exaustivamente procurado pelo homem, o amor é um sentimento contraditório. O amor é um sentimento contraditório sempre tão fascinante e ao mesmo tempo tão perturbador. O exemplo mais eloqüente em Camões é o famoso "Amor é fogo que arde sem se ver", que já nos indica uma contradição. Se amor é fogo, por que sua chama não é vista? "É ferida que dói e não se sente". Manifesto é o paradoxo. Como é possível "dor não sentida"? Vários poemas de Camões buscam seu tema nas contradições do amor. Vale a pena analisarmos, de perto, pelo menos, cinco sonetos que anunciam esta contradição, tal qual estamos fazendo em cada capítulo.

1
Tanto de meu estado me acho incerto
Camões

Tanto de meu estado me acho incerto,
Que em vivo ardor tremendo estou de frio;
Sem causa, juntamente choro e rio,
O mundo todo abarco e nada aperto.

É tudo quanto sinto, um desconcerto;
Da alma um fogo me sai, da vista um rio;
Agora espero, agora desconfio,
Agora desvario, agora acerto.

Estando em terra, chego ao Céu voando,
Numa hora acho mil anos, e é de jeito
Que em mil anos não posso achar uma hora.

Se me pergunta alguém porque assim ando,
Respondo que não sei; porém suspeito
Que só por que vos vi, minha Senhora.

É um soneto que revela o conflito e as contradições do amor. Na primeira quadra, os ardores de frio somam-se às crises de descontrole nervoso como também à desconfortável sensação de ter tudo e não ter nada. "Tremendo estou de frio", "juntamente choro e rio", "o mundo todo abraço e nada aperto". Na segunda quadra, o desconcerto psicológico acentua-se: o fogo (a paixão) lhe sai da alma. Um rio (as lágrimas) lhe sai da vista e certamente estas apagam o fogo da paixão. Agora... Agora... ou seja, ao mesmo tempo a esperança e a desconfiança, como também ao mesmo tempo a loucura (desvario) e a razão (acerto). No primeiro terceto, o desconcerto é espacial e temporal. Espacial ("Estando em terra chega ao céu voando"). Temporal ("Numa hora acho mil anos, e é de jeito/que em mil anos não posso achar uma hora"). No conflito temporal, uma referência ao salmo bíblico 90 – 4: "Pois mil anos a teus olhares/são como o dia de ontem que passou". No segundo terceto, o poeta imagina, não com absoluta certeza, uma hipótese para tão cruel desconcerto: "... só porque vos vi, minha senhora". Bastou o poeta ter visto esta mulher, bastou para levá-lo a um estado de descontrole psicológico, tal qual magistralmente descreve.
Soneto em versos decassílabos heróicos.

Tan/to/ de /meu/ es/ta/do /me a/cho in/cer/to.
1   2   3   4   5   **6**   7   8   9   **10** X

O nono verso é decassílabo sáfico.

Es/tan/do em/ ter/ra/ che/ga ao/ céu vo/an/do.
1   2   3   **4**   5   6   7   **8**   9   **10** X

A rima obedece à seguinte posição ABBA/ABBA/CDE/CDE
Um poeta que revele o desconcerto e as contradições do amor, só pode usar e abusar das antíteses.

"*que em vivo **ardor** tremendo estou de **frio**"
"*sem causa **juntamente choro e rio**"

"*o mundo todo **abarco e nada aperto**"

"*da alma um **fogo** me sai, da vista em **rio**"
"*agora **espero**, agora **desconfio**"

"*agora **desvario**, agora **acerto**"

"*estando em terra, chego ao céu voando*"

"*numa hora acho mil anos*"

"*em mil anos não posso achar uma hora*"

2
Como quando do mar tempestuoso
Camões

Como quando do mar tempestuoso
O marinheiro, lasso e trabalhado,
De um naufrágio cruel já salvo a nado,
Só ouvir falar nele o faz medroso;

E jura que em que veja bonançoso
O violento mar e sossegado,
Não entra nele mais, mas vai forçado
Pelo muito interesse cobiçoso;

Assim, Senhora, eu, que da tormenta
De vossa vista fujo, por salvar-me,
Jurando de não mais em outra ver-me;

Minha alma, que de vós nunca se ausenta,
Dá-me por preço ver-vos, faz tornar-me
Donde fugi tão perto de perder-me.

O amor é um caso sério. É passional, conturbado, contraditório. O poema pode ser dividido, logicamente, em duas partes: os dois quartetos e os dois tercetos. Na primeira parte, o poeta faz uma alegoria. Conta os conflitos de um marinheiro hipotético. Na segunda parte, o poeta, por força da comparação, chama a si os conflitos do marinheiro, não no mar, mas nos mistérios do amor. Compara e aproxima a situação de um marinherio depois do naufrágio com a sua própria tormenta, quando vê a mulher amada. Vê-se, pois que os tercetos são paralelos aos quartetos. A tormenta que abate o marinheiro no mar não é diversa da tormenta que abate o amante nos mistérios do amor. O paralelismo estabelece-se através da conjunção subordinada comparativa "como" ("Como quando do mar tempetuoso") e do advérbio de modo "assim" ("Assim, Senhora, eu que da tormenta/ De Vossa vista fujo...").
O amante é tal qual o marinheiro. No mar cansado (lasso) e trabalhoso (trabalhado) por causa de um impiedoso naufrágio, salvou-se nadando. Depois do acidente, só de ouvir falar no naufrágio, já fica com medo. Promete que nunca mais volta ao mar, ainda que este esteja calmo e sossegado. Contudo, é preciso voltar ao mar, ainda que forçado, movido pelos seus interesses de trabalho e negócio (interesse cobiçoso). No amor, o poeta foge do olhar da pessoa amada, para salvar-se (paradoxo) e, tal qual o marinheiro, jura não mais querer ver a mulher amada. O marinheiro volta ao mar, impelido por razões de trabalho, e o poeta volta aos olhos da amada, porque nunca consegue ausentar-se dela. Mais desgraçado que o marinheiro, o poeta não se salva do olhar da pessoa amada. Sua tormenta nunca termina, já que a causa de sua perdição – a amada – está sempre dentro dele e, por isso, ele nem precisa procurá-la para vê-la. É um marinheiro condenado a lutar eternamente contra as caudalosas ondas que o sufocam. "A tormenta de vossa vista" é o poder de sedução que a amada exerce sobre o poeta. Sedução, atração e perturbação. O poeta refere-se a si mesmo em dois momentos: "eu" e "minha alma". O

sujeito poético, então, divide-se em dois. O "eu" é a razão que procura evitar a presença da amada. (... eu, que da tormenta/da vossa vista fujo, por salvar-me). "Minha alma" é a emoção que não consegue se afastar da pessoa amada. (Minha alma que de vos nunca se ausenta). Conflito entre a inteligência (o "eu") e o coração (minha alma). O marinheiro, traumatizado, não quer mais voltar ao mar. Volta por razões de trabalho. O poeta, atormentado, não mais quer a amada, mas a vê porque é atraído por ela como os corpos pela força gravitacional. Existem, no soneto, dois mares. Na primeira quadra, um mar agitado e perigoso (mar impetuoso); na segunda quadra, um mar calmo e sedutor (mar bonançoso e sossegado). Existem, no soneto, dois olhares. No primeiro terceto, o olhar que a razão repele (da tormenta/de vossa vista fujo, para salvar-me); no segundo terceto, o olhar que o coração não consegue evitar (minha alma que de vós nunca se ausenta. O marinheiro, embora traumatizado, não se afasta do mar, porque este é o cenário de seu trabalho. O poeta embora sofra consternado, não pode se afastar da amada, porque é atraído por ela como a planta pela luz do sol.

3
Busque amor novas artes, novo engenho
Camões

Busque amor novas artes, novo engenho,
Para matar-me, e novas esquivanças;
Que não pode tirar-me as esperanças,
Que mal me tirará o que eu não tenho.

Olhai de que esperanças me mantenho!
Vede que perigosas seguranças:
Que não temo contrastes nem mudanças,
Andando em bravo mar, perdido o lenho.

Mas, conquanto não pode haver desgosto
Onde esperança falta, lá me esconde
Amor um mal, que mata e não se vê.

Que dias há que na alma me tem posto
Um não sei quê, que nasce não sei onde,
Vem não sei como, e dói não sei por quê.

Uma crise de desesperança. O amor é o mesmo que estar navegando em alto-mar, tendo perdido o barco. O amor já lhe roubou tudo, menos a esperança, porque esta o poeta já não a tem.
Verso 1. *Engenho*. Talento, capacidade, habilidade, destreza.

Verso 2. *Esquivança*. Desdém, desamor, desprezo; desprezo em relação à pessoa que procura nos amar.

Verso 7. *Contrastes*. Contrariedades, entorvos, obstáculos, aborrecimentos.

Verso 8. *Lenho*. Madeira com a qual se constroem as embarcações marítimas, daí, por sinédoque, barco, navio, nau.

4
Todo o animal da calma repousava
Camões

Todo o animal da calma repousava,
Só Liso o ardor dela não sentia,
Que o repouso do fogo em que ele ardia
Consistia na Ninfa que buscava.

Os montes parecia que abalava
O triste som das mágoas que dizia;
Mas nada o duro peito comovia,
Que na vontade de outrem posto estava.

Cansado já de andar pela espessura,
No tronco de uma faia, por lembrança,
Escreveu estas palavras de tristeza:

"Nunca ponha ninguém sua esperança
Em peito feminil, que de natura
Somente em ser mudável tem firmeza".

O soneto termina com um conselho: não devemos crer nas mulheres; elas são volúveis e inconstantes. A única firmeza que se vê nelas, é ser inconstante. Isto é natural nelas; próprio de sua natureza.
Verso 2. Liso. É criptônimo de Luís ou Lois. O criptônimo oculta ou disfarça o nome. É um pseudônimo ou mesmo alônimo.

Verso 4. *Ninfa.* Deusa mitológica, filha do Oceano e de Tétis. No texto, metáfora da mulher amada.

Versos 5 e 6. Os montes eram abalados pelo triste som das mágoas que dizia.

Verso 8. *"Que na vontade de outrem posto estava".* Oração subordinada causal.

Verso 9. *Espessura.* O verde que cobre os campos.

Verso 13. *De natura.* De natureza, de natural, que é próprio do caráter.

Interpretação Dirigida

Leia, com atenção, o soneto transcrito. Responde, depois, às questões de **113 a 126**, elegendo uma das alternativas.

5
Amor é um fogo que arde sem se ver
Camões

Amor é um fogo que arde sem se ver;
É ferida que dói e não se sente;
É um contentamento descontente;
É dor que desatina sem doer;

É um não querer mais que bem-querer;
É um andar solitário entre a gente;
É um nunca contentar-se de contente;
É um cuidar que se ganha em se perder.

É querer estar preso por vontade;
É servir a quem vence, o vencedor;
É ter com quem nos mata lealdade.

Mas como causar pode seu favor
Nos corações humanos amizade,
Se tão contrário a si é o mesmo Amor?

113. Este soneto, um dos mais perfeitos de quantos produziu Camões e um dos mais belos da Língua, pertence ao estilo de época do Renascimento, portanto contemporâneo de:
a) Voltaire.
b) Shakespeare.
c) Kant.
d) Descartes.
e) Isaac Newton.

**114. Todo jogo das imagens que sustenta o soneto serve apenas como meio de expressão aos pensamentos do autor.
Para buscar compreender e conceituar o processo amoroso, o poeta apela para as antíteses, - paradoxos, portanto já com elementos:**

a) Pré-barrocos.

b) Pagãos.

c) Mitológicos.

d) Cristãos.

e) Platônicos.

115. Em outro famoso soneto o autor também tenta definir o amor como um sentimento vago e inconceituável:

a) "Dizendo: - Mais servira, se não fora / Para tão longo amor tão curta a vida."

b) "Alma minha gentil que te partiste / Tão cedo desta vida descontente."

c) "Um não sei quê, que nasce não sei onde, / Vem não sei como, e dói não sei por quê."

d) "De quantas graças tinha, a Natureza / Fez um belo e riquíssimo tesouro."

e) "Aquela triste e leda madrugada / Cheia toda de mágoa e piedade..."

116. *Amor é fogo*. Definição que pode servir ao homem continental ou insular; Grego ou Romano, de acordo com esta característica do renascimento:

a) Paganismo.

b) Mitologia greco-latina.

c) Subjetivismo.

d) Cristianismo.

e) Universalismo.

117. "Amor é servir a quem vence o vencedor". Portanto:

a) Trabalho / Próspero.

b) Serviço / Ocioso.

c) Labuta / Odiosa.

d) Conquista / Gloriosa.

e) Escravidão / Consentimento.

118. Já se disse que o autor define <u>amor</u> por meio de antíteses. Assinale a alternativa em que a figura não ocorre:

a) Dói / Não se sente.

b) Dor que desatina / Sem doer.

c) Não querer / Solitário.

d) Preso / Por vontade.

e) Solitário / Entre a gente.

119. *"Amor... é servir a quem vence, o vencedor."*. Eliminando do verso o hipérbato, escreveríamos assim:

a) Amor é servir o vencedor a quem vence,

b) Ao amor é servi-lo a quem vence o vencedor,

c) É o amor servir a quem vence o vencedor,

d) Amor é o vencedor servir a quem vence,

e) O vencedor a quem vence é servir o amor,

120. *"Amor é fogo que arde sem se ver"*. O verso é contraditório. Se o amor é fogo que arde, então:

a) Deveria existir um amor sem o fogo da paixão.

b) Há de haver um fogo frio da paixão.

c) Deveria existir um local em que arde este fogo.

d) Deveria existir um local em que o amor não exista.

e) É lógico que a chama deste fogo pode ser vista.

121. *"... fogo que arde sem se ver"*. A palavra <u>se</u> recebe o nome de:

a) Índice da indeterminação do sujeito.

b) Partícula de espontaneidade.

c) Partícula expletiva ou de realce.

d) Partícula apassivadora.

e) Sujeito do verbo ver.

122. *"Amor é um não contentar-se de contente."*. O poeta quer afirmar, com este verso, que as pessoas que amam:

a) São tristes, por isso não contentes.

b) Não sabem o que querem, eis porque são contentes e descontentes.

c) Iludem-se com o sentimento pois que altercam em sua alma o estado de espírito.

d) Não cabem em si de tanta felicidade.

e) Aceitam a condição imposta pelo amor: tanto pode levar o amante ao céu como conduzi-lo ao inferno.

123. Enfim, para o poeta:
a) O sentimento amoroso é paradoxal e não pode ser entendido pela razão.
b) Amar é o mesmo que estar muito tempo doente.
c) Amor é o sinal de igual na equação da vida.
d) Só não erra quem não ama, desde que não se considere a ausência de amor o maior erro.
e) Amor é fogo que arde e é visto; é ferida que dói sentida profundamente.

124. Camões representa o momento máximo do classicismo. Escreveu outro belo soneto, de que se destacam estes versos:
a) "Senhora, partem tão tristes/ Meus olhos por vós, meu bem..."
b) "Mudam-se os tempos, mudam-se as vontades / Muda-se o ser, muda-se a confiança."
c) Também mudando-me eu fiz doutras cores / E tudo o mais renova, isto é sem cura".
d) Outro Aretino fui... A santidade / Manchei!... Oh! Se me creste, gente ímpia, / Rasga meus versos, crê na eternidade.
e) Abrem-se as portas d'ouro, com fragor... / Mas dentro encontro só, cheio de dor, / Silêncio e escuridão - e nada mais.

125. "Mas como causar pode seu favor/ Nos corações humanos amizade,/ Se tão contrário a si é o mesmo Amor?"

Sujeito do verbo ser:
a) Ele (favor).
b) Amizade.
c) Contrário.
d) A si.
e) Amor.

126. Sujeito do verbo pode causar:
a) Ele (favor).
b) Favor.
c) Amizade.
d) Contrário.
e) Amor.

VII
A Natureza

A natureza não foi estranha aos pintores renascentistas. "Locus Amoenus", lugar de idílio, cenário de amores, palco de contemplação. Na poesia, o tema Natureza vai além. Ela é a companheira que testemunha os conflitos amorosos do poeta. Mais que testemunha, a natureza é o lugar em que o poeta se alegra quando a amada está presente e se entristece na sua ausência. A formosura da serra, os verdes castanheiros, os ribeiros, o mar, a fonte, os outeiros, tudo magoa o poeta, sem a presença da amada. A natureza é o cenário de seu idílio e, às vezes, indiferente à sua solidão, como nos cinco sonetos que seguem:

1
O céu, a terra, o vento sossegado...
Camões

O céu, a terra, o vento sossegado...
As ondas, que se estendem pela areia...
Os peixes, que no mar o sono enfreia...
O noturno silêncio repousado...

O pescador Aônio, que, deitado
Onde com vento a água se meneia,
Chorando, o nome amado em vão nomeia,
Que não pode ser mais que nomeado.

Ondas (dizia), antes que Amor me mate,
Torna-me a minha Ninfa, que tão cedo
Me fizestes à morte estar sujeita.

Ninguém lhe fala. O mar, de longe, bate;
Move-se brandamente o arvoredo;
Leva-lhe o vento a voz, que ao vento deita.

Soneto formado por versos decassílabos heróicos, ou seja, dez sílabas, com acento na sexta e décimas sílabas. As rimas obedecem à seguinte posição: ABBA – ABBA – CDE – CDE. Há rimas pobres, formadas por palavras de mesma classe gramatical: sossegado/repousado (adjetivos); deitado/nomeado (adjetivos); meneia/nomeia (verbos); mate/bate (verbos); estar sujeita/deita (verbos). Há também rimas ricas, formadas por palavras de diversa classe gramatical: areia/enfreia (substantivo e verbo); cedo/arvoredo (advérbio e substantivo).

A natureza é indiferente à dor de Aônio. Suas lagrimas não comovem a natureza. Lembram-nos o final do romance "Quincas Borba", de Machado de Assis: "Eia! chora os dois recentes mortos, se tens lágrimas. Se só tens riso, ri-te. É a mesma coisa. O Cruzeiro, que a linda Sofia não quis fitar, como lhe pedia Rubião, está assaz alto para não discernir os risos e as lágrimas dos homens". As lágrimas de Aônio são comoventes a quem lê, mas indiferentes à natureza. É a filosofia do Renascimento, pois para esta, não existe a intervenção do sobrenatural no natural. Na primeira quadra, o ambiente é noturno e tudo é sossegado. Sossegados o céu, a terra e o vento. O cenário é a praia, já que as ondas se estendem pela areia. O sono reprime (enfreia) os peixes no mar. Ficam eles mais calmos à noite do que de dia. Noturno silêncio repousado. A primeira quadra, ainda que a lendo separadamente, já é uma obra literária. Na segunda quadra, o cenário é outro. Aônio chora, deitado na praia. A calmaria da primeira quadra cede, agora, ao desespero de Aônio. Bela é a perífrase de praia: "Onde com o vento a água se meneia". No primeiro terceto, parece-nos ouvir a barcarola "Ondas do mar de vigo" de Martin Codax, uma as mais célebres cantigas de amigo galego – portuguesas. É a saudade. Aqui ficamos sabendo da desgraça em que está envolvido o pescador Aônio. Pede o retorno de sua ninfa, que a morte lhe arrebatou tão cedo. No último terceto, o silêncio é mais apavorante, apenas interrompido pelo som do mar (o mar de longe bate) e pelo som do arvoredo (move-se brandamente o arvoredo). Aônio dizia... pouco importa. O vento lhe leva a voz e a voz deita ao vento. Veja como são expressivos:

O assíndeto
"*O céu, a terra, o vento sossegado*"

A personificação
"*Ondas (dizia), antes que o amor me mate*"

A aliteração da nasal bilabial "m" sugere a imagem audiovisual da angústia de Aônio.

"*deitado
Onde com o vento a água se **meneia**
Chorando, o **nome amado** em vão **nomeia***"

A aliteração da consoante "v" no último verso, agravando ainda mais a sensação de solidão.

"***Leva**-lhe o **vento** a **voz**, que ao **vento** deita*"

2
A fermosura desta fresca serra
Camões

*A fermosura desta fresca serra,
E a sombra dos verdes castanheiros,
O manso caminhar destes ribeiros,
Donde toda a tristeza se desterra;*

*O rouco som do mar, a estranha terra,
O esconder do sol pelos outeiros,
O recolher dos gados derradeiros,
Das nuvens pelo ar a branda guerra;*

*Enfim, tudo o que a rara natureza
com tanta variedade nos oferece,
Me está, se não te vejo, magoando.*

Sem ti, tudo me enjoa e me aborrece;
Sem ti, perpetuamente estou passando,
Nas mores alegrias, mor tristeza.

"Este soneto é, pela simplicidade temática e pela envolvente doçura das palavras, um dos mais célebres de Camões" (Hermano Saraiva). Podemos dividir o soneto em duas partes lógicas: os quartetos e os tercetos. Nos quartetos, predominam a razão e o intelecto. O poeta destaca e exalta a beleza daquilo que não é estranho a qualquer indivíduo: a serra, a sombra dos castanheiros, o caminhar dos ribeiros, o som do mar, a estranha terra, o esconder do sol, o recolher dos gados, as nuvens. Nos tercetos, predominam a subjetividade e a emoção. Trata-se agora da visão particular do poeta: a natureza magoa o poeta, se a amada não estiver ao seu lado. Sem ela, tudo o enjoa e o aborrece. Sem ela, o poeta passa da alegria à tristeza. A presença da amada é condição necessária para a sua felicidade, mesmo estando no cenário de tão esplêndida natureza. A adjetivação que se faz aos elementos da natureza é fascinante. A serra é fresca e fermosa; os castanheiros são verdes; o movimento do rio é manso e liberta o homem de toda tristeza; o som do mar é rouco; a terra em acidente irregular; o recolher dos últimos gados. "Sem ti", conclui o poeta, passo da maior alegria (aquilo que a natureza lhe oferece) à maior tristeza (a natureza sem a presença da amada). A coordenação predomina nos quartetos. Já no primeiro terceto, duas orações subordinadas. "Que a rara natureza/com tanta variedade nos oferece" (adjetivo). "Se não te vejo" (condicional). A calmaria e o sossego nos quartetos só poderiam ser descritos pela coordenação. O conflito e a crise existencial, no primeiro terceto, só poderiam ser expressos pela subordinação. Observe como são expressivos:

A Sinestesia – simultaneidade de sensações.

A fermosura (visual) desta fresca (térmica) serra.

A Hipérbole do quarto verso em que o ritmo do movimento das águas causa alegria universal.

"O manso caminhar destes ribeiros
Donde toda tristeza se desterra"

Tons musicais onomatopaicos.

"O rouco som do mar, a estranha terra".

O Antropocentrismo renascentista – a supremacia do ser humano sobre a natureza.

"Sem ti, tudo me enjoa e me aborrece".

A Anáfora – repetição de uma palavra ou expressão no início de cada frase, no sentido de insistir no antropocentrismo.

"Sem ti, tudo me enjoa e me aborrece;
Sem ti, perpetuamente estou passando"

A Antítese.

"Nas mores alegrias, mor tristeza".

3
Num jardim adornado de verdura
Camões

Num jardim adornado de verdura,
A que esmaltam por cima várias flores,
Entrou um dia a deusa dos amores,
Com a deusa da caça e da espessura.

Diana tomou logo uma rosa pura,
Vênus um roxo lírio, dos milhores;
Mas excediam muito às outras flores
As violas, na graça e fermosura.

Perguntam a Cupido, que ali estava,
Qual daquelas três flores tomaria,
Por mais suave e pura e mais fermosa.

Sorrindo-se, o menino lhe tornava:
"Todas fermosas são, mas eu queria
Viola antes que lírio nem que rosa".

O tema é a natureza, lugar ideal para o idílio e o amor. No campo, residem a tranquilidade, a beleza e a formosura.

Verso 2. *Esmaltam.* Cobrem, enfeitam, adornam.

Versos 3 e 4. O poeta apresenta as duas deusas, primeiro por suas antonomásias: deusa dos amores e deusa da caça e da espessura. Depois, na segunda quadra, apresenta as deusas por seus nomes: Vênus (deusa dos amores), Diana (deusa da caça). Espessura (grama, ramagem, plantas).

Verso 8. *Violas.* Violetas.

Verso 9. *Cupido.* Deus do amor, filho de Vênus. Deus alado do amor, representado sempre de olhos vendados e munido de arco e flecha.

Verso 11. Polissíndeto.

Verso 12. "Lhe" (singular) ao invés de "lhes" (plural). Na época, o pronome "lhe" podia ser invariável. Em Camões, "lhe" é quase sempre invariável.

4
Está-se a Primavera trasladando
Camões

Está-se a Primavera trasladando
Em vossa vista deleitosa e honesta;
Nas lindas faces, olhos, boca e testa,
Boninas, lírios, rosas debuxando.

De sorte, vosso gesto matizando,
Natura quanto pode manifesta
Que o monte, o campo, o rio e a floresta
Se estão de vós, Senhora, namorando.

Se agora não quereis que quem vos ama
Possa colher o fruito destas flores,
Perderão toda a graça vossos olhos.

Porque pouco aproveita, linda Dama,
Que semeasse Amor em vós amores,
Se vossa condição produz abrolhos.

O tema é o "carpe diem" horaciano. O campo, principalmente na primavera, é o lugar ideal para viver e amar. Contudo, naquela linda dama, o amor não pode semear amores, se ela só produz espinhos.

Verso 1. *Trasladando*. Verbo trasladar, mudar de um estado para outro. A primavera muda as cores da natureza.

Verso 2. *Deleitosa*. Que é muito agradável, que dá prazer, delicioso.

Verso 4. *Debuxando*. Desenhando, delineando, esboçando.

Verso 5. *Matizando*. Verbo matizar, variar ou dar diferentes gradações às cores; colorir.

Verso 14. *Abrolhos*. Plantas rasteiras e espinhosas

Interpretação Dirigida

Leia, com atenção, o soneto transcrito. Responda, depois, às questões de **127 a 141**.

5
Alegres campos, verdes arvoredos
Camões

Alegres campos, verdes arvoredos,
Claras e frescas águas de cristal,
Que em vós os debuxais ao natural,
Discorrendo da altura dos rochedos;

Silvestres montes, ásperos penedos,
Compostos em concerto desigual:
Sabei que sem licença de meu mal
Já não podeis fazer meus olhos ledos.

E, pois me já não vedes como vistes,
Não me alegrem verduras deleitosas
Nem águas que correndo alegres vêm.

Semearei em vós lembranças tristes,
Regando-vos com lágrimas saudosas,
E nascerão saudades de meu bem.

127. Neste soneto, o sujeito poético exprime a grande tristeza que lhe vai na alma, quando recorda saudosamente os momentos felizes da sua relação amorosa, testemunhados por aquela paisagem. Vamos documentar, com o texto, a tristeza do autor:

a) Alegres campos, verdes arvoredos,
   Claras e frescas águas de cristal,

b) Que em vós os debuxais ao natural,
   Discorrendo da altura dos rochedos.

c) Silvestres montes, ásperos penedos,
   Compostos em concerto desigual:
d) Sabei que sem licença de meu mal
   Já não podeis fazer meus olhos ledos
e) Claras e frescas águas de cristal,
   Discorrendo da altura dos rochedos.

128. Outrora alegres e belas, não podem, agora, as "verduras deleitosas" e as "águas de cristal" emprestar-lhe a alegria de um amor feliz. A situação alterou-se radicalmente. Vamos documentar, com o texto, esta alteração radical:

a) Alegres campos, verdes arvoredos.

b) Claras e frescas águas de cristal.

c) Silvestres montes, ásperos penedos.

d) Compostos em concerto desigual.

e) E, pois me já não vedes como vistes.

129. Portanto, só restam agora ao poeta:

a) Campos e arvoredos.

b) Campos, arvoredos e águas de cristal.

c) Silvestres montes e ásperos penedos.

d) Verduras deleitosas e águas que correndo vêm.

e) Lembranças tristes, lágrimas saudosas e saudades de seu bem.

130. O poeta utiliza alguns recursos estilísticos para exprimir os sentimentos. Veja na última estrofe: "semearei", "regando-vos", "nascerão":

a) Anacoluto.

b) Polissíndeto.

c) Silepse.

d) Metáfora.

e) Pleonasmo.

131. Também, na última estrofe a repetição da letra s coaduna-se com a tristeza do poeta. Veja:
semearei em vós lembranças tristes
            saudosas
            nascerão saudades

a) Assíndeto.
b) Aliteração.
c) Sinestesia.
d) Sinédoque.
e) Anacoluto.

132. Ainda utiliza de um recurso estilístico chamado hipálage (deslocação de uma característica do agente para o ato). Vamos documentar:

a) Alegres campos; verdes arvoredos.
b) Claras e frescas águas.
c) Silvestres montes; ásperos penedos.
d) Verduras deleitosas; águas que correndo vêm.
e) Lembranças tristes; lágrimas saudosas.

133. Entre a realidade e a vida interior do sujeito estabelece-se uma relação de paralelismo: a paisagem era alegre e esperançosa, quando também ele era feliz. Mas seu estado de alma alterou-se profundamente e o sujeito interpela a Natureza ("Sabei"...) e vai projetar nela todo o seu abatimento. E, no último terceto, sentimos que a Natureza vai desempenhar um novo papel:

a) Repelir as lembranças tristes; o sujeito fica com a Natureza e afasta da lembrança a mulher amada.
b) Acolher as lembranças tristes semeadas pelo sujeito e refletir as saudades de sua amada.
c) Semear outros amores na alma do cansado e desassossegado poeta.
d) Regar e fazer brotar um outro amor em harmonia com os alegres campos e verdes arvoredos.
e) Dar à luz as saudades dos alegres campos e verdes arvoredos.

134. A amada desempenha um papel fundamental: a sua ausência é que provoca a tristeza e a saudade que invadem o sujeito, doravante:

a) Incapaz de usufruir da beleza da paisagem, preparando-se para nela semear lembranças tristes.
b) Ansioso de ver brotar um novo amor, por isso semeia e rega.
c) Inconformado com o que vêm seus olhos: alegres campos transformarem-se em ásperos penedos.
d) Predestinado a semear em silvestres montes e ásperos penedos.

e) Surpreso pois que alegres campos e verdes arvoredos só se conseguem semeando lembranças e regando com lágrimas.

135. Vamos delimitar as partes lógicas do poema. Na primeira parte, o poeta traça os contornos de uma paisagem alegre a que se dirige .... Na segunda parte, há um corte com esse pendor descritivo inicial para revelar uma situação de tristeza que impede o sujeito de se alegrar com a beleza do quadro natural em que costumava ser feliz na companhia da amada .... Na terceira parte, o sujeito exprime a grande tristeza motivada pela ausência da amada e espera colher da paisagem as dolorosas saudades do seu bem ....

Os espaços em branco devem ser preenchidos respectivamente assim:
a) Versos de 1 a 4; versos de 5 a 8; versos de 9 a 14.
b) Versos de 1 a 8; versos de 9 a 11; versos de 12 a 14.
c) Versos de 1 a 6; versos de 7 a 11; versos de 12 a 14.
d) Versos de 1 a 2; versos de 3 a 8; versos de 9 a 14.
e) Versos de 1 a 5; versos de 6 a 9; versos de 10 a 14.

136. Neste poema, o substantivo é uma categoria morfológica com bastante importância. Na parte mais descritiva do texto predominam os substantivos .... (campos, arvoredos, águas, rochedos, montes, penedos). No resto do texto, aparecem já substantivos .... , referentes ao estado de alma do sujeito (mal, lembranças, saudades) e persistem ainda os .... que conotam a grande emotividade do discurso (olhos, verduras, águas, lágrimas, bem).
a) Concretos; abstratos; abstratos.
b) Concretos; abstratos; concretos.
c) Coletivos; comuns-de-dois; sobrecomuns.
d) Abstratos; coletivos; abstratos.
e) Abstratos; concretos; abstratos.

137. Nas cantigas de amigo, a natureza também funciona como confidente da donzela apaixonada. "Ai flores, ai flores do verde pino" em que uma donzela pede à natureza "novas" sobre o amigo. E as flores dão-lhe boas notícias:"... é sano e vivo". Estamos fazendo referência à Cantiga de:
a) Paio Soares Taveirós.
b) D. Dinis.
c) Aires Nunes.

d) Nuno Fernandes Torneol.

e) João Roiz de Castelo Branco.

138. No Brasil, tivemos uma Escola Literária que exaltou a poesia pastoril, a reverência ao bucolismo, disposta a fazer valer a simplicidade perdida no Barroco:

a) Arcadismo.

b) Realismo.

c) Parnasianismo.

d) Simbolismo.

e) Surrealismo.

139. Camões, além de poeta lírico, escreveu "Os Lusíadas" – retrato de um povo, as suas lutas e seus sofrimentos. Têm as partes comuns de uma epopéia. Identifique as partes:

I. *As armas e os barões assinalados...*
   Cantando espalharei por toda a parte.

II. *E vós, Tágides minhas,...*
   Dai-me agora um som alto e sublimado.

III. *E vós, ó bem nascida segurança*
   Da lusitana antiga liberdade

IV. *Já no largo oceano navegavam*
   As inquietas ondas apartando.

V. *Não mais, Musa, não mais, que a lira tenho*
   Destemperada e a voz enrouquecida.

a) I – proposição; II – invocação; III – dedicatória; IV – narração; V – epílogo.

b) I – narração; II – proposição; III – epílogo; IV – invocação; V – dedicatória.

c) I – dedicatória; II – invocação; III – epílogo; IV – narração; V – proposição.

d) I – epílogo; II – narração; III – dedicatória; IV invocação; V – proposição.

e) I – invocação; II proposição; III – narração; IV – dedicatória; V – epílogo.

140. Camões produziu sonetos dos mais perfeitos e dos mais belos da Língua, apresentando pontos de contato naquilo que diz respeito à estética clássica. Assinale o único que não lhe pertence:

a) Amor é fogo que arde sem se ver;
   É ferida que dói e não se sente;
   É um contentamento descontente;
   É dor que desatina sem doer;

b) Sete anos de pastor Jacó servia
   Labão, pai de Raquel, serrana bela;
   Mas não servia ao pai, servia a ela,
   E a ela só por prêmio pretendia

c) Liberdade, onde estás? Quem te demora?
   Quem faz que o teu influxo em nós não caia?
   Por que (triste de mim!) por que não raia
   Já na esfera de Lísia a tua aurora?

d) Busque Amor novas artes, novo engenho.
   Pera matar-me, e novas esquivanças;
   Que não pode tirar-me as esperanças,
   Que mal me tirará o que eu não tenho.

e) Alma minha gentil, que te partiste
   Tão cedo desta vida, descontente,
   Repousa lá no céu eternamente
   E viva eu cá na terra sempre triste

141. *Sabei que sem licença de meu mal*
Já não podeis fazer meus olhos ledos

Alterando o tratamento pessoal, só uma alternativa fica errada:

a) Sabe que sem licença de meu mal
   Já não podes fazer meus olhos ledos
b) Saiba que sem licença de meu mal
   Já não pode fazer meus olhos ledos
c) Saiba que sem licença de meu mal
   Já não possa fazer meus olhos ledos
d) Saibamos que sem licença de meu mal
   Já não podemos fazer meus olhos ledos
e) Saibam que sem licença de meu mal
   Já não podem fazer meus olhos ledos

VIII
A Saudade

Lembrança triste e suave da amada, distante ou já desaparecida, acompanhada do desejo de tornar a vê-la, contemplá-la ou possuí-la. A presença da amada ausente. Pesar pelo afastamento da amada. Nostalgia, tristeza, lembrança afetuosa da amada de quem se separou. A saudade é um traço particular e distintivo da melancólica poesia portuguesa. Vê-se esta particularidade desde As Cantigas de Amor até as poesias da atualidade, passando pela música popular portuguesa – O Fado – repleta de saudosismo e melancolia. Leia um exemplo do século XV.

Cantiga sua, Partindo-se
João Roiz de Castelo Branco

Senhora, partem tão tristes
Meus olhos por vós, meu bem,
Que nunca tão tristes vistes
Outros nenhuns por ninguém.

Tão tristes, tão saüdosos,
Tão doentes da partida,
Tão cansados, tão chorosos,
Da morte mais desejosos
Cem mil vezes que da vida.

Partem tão tristes os tristes,
Tão fora de esperar bem,
Que nunca tão tristes vistes
Outros nenhuns por ninguém.

Extraído do Cancioneiro geral.

Leia agora o mesmo tema no Realismo de Machado de Assis.

Querida, ao pé do leito derradeiro
Machado de Assis

Querida, ao pé do leito derradeiro
Em que descansas dessa longa vida,
Aqui venho e virei, pobre querida,
Trazer-te o coração do companheiro.

Pulsa-lhe aquele afeto verdadeiro
Que, a despeito de toda a humana lida,
Fez a nossa existência apetecida
E num recanto pôs o mundo inteiro.

Trago-te flores — restos arrancados
Da terra que nos viu passar unidos
E ora mortos nos deixa e separados.

Que eu, se tenho nos olhos malferidos
Pensamentos de vida formulados,
São pensamentos idos e vividos.

Lemos também, o mesmo tema no simbolismo português, num famoso poema de Antônio Nobre.

Ó Virgens que passais, ao Sol-poente
Antônio Nobre

Ó Virgens que passais, ao Sol-poente,
Pelas estradas ermas, a cantar!
Eu quero ouvir uma canção ardente,
Que me transporte ao meu perdido Lar.

Cantai, nessa voz onipotente,
O Sol que tomba, aureolando o Mar,
A fartura da seara reluzente,
O vinho, a Graça, a formosura, o luar!

Cantai! cantai as límpidas cantigas!
Das ruínas do meu Lar desterrai
Todas aquelas ilusões antigas

Que eu vi morrer num sonho, como um ai,
Ó suaves e frescas raparigas,
Adormecei-me nessa voz... Cantai!

1
Alma minha gentil, que te partiste
Camões

Alma minha gentil, que te partiste
Tão cedo desta vida, descontente,
Repousa lá no Céu eternamente,
E viva eu cá na terra sempre triste.

Se lá no assento etéreo, onde subiste,
Memória desta vida se consente,
Não te esqueças daquele amor ardente
Que já nos olhos meus tão puro viste.

E se vires que pode merecer-te
Alguma cousa a dor que me ficou
Da mágoa, sem remédio, de perder-te,

Roga a Deus, que teus anos encurtou,
Que tão cedo de cá me leve a ver-te,
Quão cedo de meus olhos te levou.

O poema lembra uma prece. Aliado à simplicidade de seu léxico e sintaxe, é o mais popular soneto de Camões. É a saudade levada a seu mais alto grau. O soneto dirige-se a sua amada, recém- desaparecida. Primeiro, o vocativo – Alma minha gentil. "Gentil" qualificando a alma, já demonstra o tom aristocrático da amada.

Alma... que te partiste
tão cedo desta vida descontente.

É o eufemismo da morte. Suaviza-se uma ideia rude e desagradável "Descontente" refere-se à "Alma" e não à "Vida". Entenda-se pois, que partiu descontente tão cedo desta vida. O 3º e 4º versos da 1º quadra, refletem o contraste desejado. O 3º refere-se à amada; o 4º refere-se ao sujeito lírico. "Viva eu" em oposição a "repousa tu"; "cá" em oposição a "lá"; na "terra" em oposição a no "céu"; "triste" em oposição à felicidade que se deduz de quem "repousa lá no céu eternamente". Se na 1º quadra existe um desejo manifesto, na 2º quadra, existe um pedido. Contudo, este pedido é condicionado à possibilidade de, no céu, conservarem-se a memória terrena e a individualidade. Assim, aquele amor, qualificado como ardente e puro seja lembrado pela amada. Atente para a elegante perífrase metafórica: "assento etéreo". Nos tercetos, um último pedido, também condicionado. Se a dor do poeta enlutado tem eventual mérito, pede a morte tão precoce como foi a da amada, para ambos, vendo-se um ao outro, possam gozar a beatitude naquele "assento etéreo" junto ao criador. Soneto decassílabo heroico. Posição das rimas ABBA; ABBA; CDC; DCD. Há rimas ricas: partiste/triste; descontente/eternamente; consente/ardente. Há rimas pobres: subiste/viste; merecer-te/perder-te; encurtou/levou. O poema é constituído por três períodos.

1º período – Primeiro quarteto
2º período – Segundo quarteto
3º período – Ambos os tercetos.

Observe as orações principais de cada período

1º Alma minha gentil, repousa lá no céu eternamente
2º Não te esqueças daquele amor ardente
3º E roga a Deus

No primeiro período, uma oração subordinada adjetiva (que te partiste tão cedo desta vida descontente) e uma oração coordenada aditiva (E viva eu cá na terra sempre triste). No segundo período, uma oração subordinada condicional (se lá no assento etéreo memória desta vida se consente) e duas subordinadas adjetivas (onde subiste e que já nos olhos meus tão puro viste). No terceiro período, duas orações subordinadas objetivas diretas (que pode merecer-te alguma coisa a dor e que tão cedo de cá me leve a ver-te); duas orações subordinadas adjetivas (que me ficou da mágoa sem remédio de perder-te e que teus anos encurtou) e uma subordinada proporcional (Quão cedo de meus olhos te levou). Em Poética, Aristóteles afirma: O poeta é imitador, como o pintor ou qualquer outro imaginário. O princípio clássico da "mimese", pode imitar os clássicos, seguir de perto o assunto, imitar as Artes e a Natureza, mas nunca copiar. Camões, neste soneto, imitou Petrarca.

Questa anima gentil che si disparte
Ansi tempo chiamata a l'altra vita.

2
Quando de minhas mágoas a comprida
Camões

Quando de minhas mágoas a comprida
Imaginação os olhos me adormece,
Em sonhos aquela alma me aparece
Que para mim foi sonho nesta vida.

Lá numa saudade, onde estendida
A vista pelo campo desfalece,
Corro para ela; e ela então parece
Que mais de mim se alonga, compelida.

Brado: - Não me fujais, sombra benina!
Ela (os olhos em mim com brando pejo,
Como quem diz que já não pode ser),

Torna a fugir-me; e eu gritando: - Dina...
Antes que diga mene, acordo, e vejo
Que nem um breve engano posso ter.

Dinamene, a chinesa, a mulher que o poeta amou intensamente. Morre num naufrágio na foz do rio Mecom. Deste acidente, saíram ilesos Camões e o original de Os Lusíadas. Dinamene não teve a mesma sorte. Neste poema, o autor contempla seu nome, quando a invoca num sonho que o soneto narra. Em Os Lusíadas, o naufrágio é lembrado no Canto X, estrofe 25, já citado em sua biografia. Em outro soneto, o poeta invoca Dinamene:

Ah! Minha Dinamene! Assim deixaste
Quem não deixara nunca de querer-te?
Ah, Ninfa minha! Já não posso ver-te,
Tão asinha esta vida desprezaste!

"Quando de minhas mágoas a comprida...". É a narração de um sonho do sujeito poético. Na primeira quadra, Dinamene lhe aparece em sonho. Duas palavras chaves: minha "alma" e "sonho" (duas vezes). Alma é o mistério, a visão mística, o sobrenatural. A alma de Dinamene lhe aparece depois que comprida imaginação lhe adormece os olhos. Comprida imaginação, porque não cessa de pensar nela... e, cansado de tanto pensamento, a fadiga lhe cerra os olhos. Dorme e sonha com Dinamene. Aquela alma que foi o sonho de sua vida lhe aparece em sonho. Faz um elegante trocadilho com "sonho". No 3º verso, "sonho" são as imagens e ideias que se apresentam ao espírito durante o sono. No 4º verso, "sonho" é aspiração, vivo desejo, imaginação, fantasia que se apresentam ao espírito durante a vida. Na 2º estrofe, inicia-se a narração do sonho que toma conta do 2º quarteto e dos tercetos. Saudoso, estendendo a vista pelo campo, até onde possa ser visto, o poeta corre em sua direção e ela se afasta compelida. Nos tercetos, um breve diálogo entre os amantes:

O poeta brada: - Não me fujas, sombra benina!
Ela, com os olhos em mim com leve pudor: - Já não pode ser.

Eis a Desilusão, a Tragédia e o Mistério.

O Mistério é agravado pela invocação: sombra benina! Já não pode ser, diz Dinamene, porque a visão é fantasmagórica. Lemos aqui ecos da Divina Comédia, de Dante. No último terceto, o poeta se utiliza da tmese, processo que corta ao meio o nome de Dinamene. "Dina", ainda dormindo. "Mene" já acordado. Outro mistério: nem em sonho o poeta pode ter o engano de a possuir.

3
Cara minha inimiga, em cuja mão
Camões

Cara minha inimiga, em cuja mão
Pôs meus contentamentos a ventura;
Faltou-te a ti na terra sepultura,
Porque me falte a mim consolação.

Eternamente as águas lograrão
A tua peregrina fermosura;
Mas, enquanto me a mim a vida dura,
Sempre viva em minha alma te acharão.

E, se meus rudos versos podem tanto
Que possam prometer-te longa história
Daquele amor tão puro e verdadeiro,

Celebrada serás sempre em meu canto,
Porque, enquanto no mundo houver memória,
Será a minha escritura o teu letreiro.

Triste lembrança de sua amada Dinamene, desaparecida junto à foz do rio Mecom quando vinha com o poeta para Goa. O poeta lamenta não ter a amada sepultura na terra. Se tivesse, seria um consolo a suas lembranças. Promete que a terá na memória e vai memorar seu amor sempre em verso.

Verso 1. *Cara minha inimiga.* Vocativo carinhoso. Chama a amada de inimiga, dada a circunstância de ter ela partido tão cedo.

Verso 3. *Faltou-te a ti.* Pleonasmo.

Verso 4. *Porque me falte a mim consolação.* Outro pleonasmo. Oração subordinada final. Para que, a fim de que.

Versos 5 e 6. *As águas do mar possuirão eternamente a tua excepcional fermosura.*

Verso 7. *Enquanto me a mim a vida dura.* Pleonasmo.

Verso 9. *Rudos.* Forma antiga de rudes.

Versos 13 e 14. *Enquanto no mundo houver recordação, teu nome* (letreiro) *será o conteúdo de meus versos* (escritura).

4
Doces lembranças da passada glória
Camões

Doces lembranças da passada glória,
Que me tirou Fortuna roubadora,
Deixai-me repousar em paz uma hora,
Que comigo ganhais pouca vitória.

Impressa tenho na alma larga história
Deste passado bem que nunca fora;
Ou fora, e não passara; mas já agora
Em mim não pode haver mais que a memória.

Vivo em lembranças, mouro de esquecido,
De quem sempre devera ser lembrado,
Se lhe lembrara estado tão contente.

Oh! quem tornar pudera a ser nascido!
Soubera-me lograr do bem passado,
Se conhecer soubera o mal presente.

Certamente, a saudade que toma conta da alma do poeta, enquanto amarga seu exílio em Ceuta. O poeta recorda o tempo em que viveu longe do exílio. Recorda a felicidade que já passou.

Versos 5, 6, 7 e 8. Tenho impresso na alma a longa história deste feliz passado que nunca deveria ter existido, ou, se existiu, nunca deveria ter passado. Contudo, hoje em mim não existe nada que não seja memória.

Verso 9. *Mouro*. Forma antiga de morro, verbo morrer.

Versos 9 e 10. Vivo quando me recordo do passado; morro quando esqueço do que deveria ser sempre lembrado.

Versos 12, 13 e 14. Oh! Se eu voltar a nascer, saberei aproveitar o bem passado, se eu puder prever o mal que me acompanha no presente.

Interpretação Dirigida

Leia, com, atenção, o soneto trasncrito. Responda, depois, às questoes de **142 a 171**, elegendo uma das alternativas.

5
Aquela triste e leda madrugada.
Camões

Aquela triste e leda madrugada,
Cheia toda de mágoa e de piedade,
Enquanto houver no mundo saudade
Quero que seja sempre celebrada.

Ela só, quando amena e marchetada
Saía, dando ao mundo claridade,
Viu apartar-se de uma outra vontade,
Que nunca poderá ver-se apartada.

Ela só viu as lágrimas em fio,
Que de uns e de outros olhos derivadas,
Se acrescentaram em grande e largo rio.

Ela viu as palavras magoadas
Que puderam tornar o fogo frio
E dar descanso às almas condenadas.

A Saudade

142. Este poema fala da natureza, do amor e da separação dos amantes, numa madrugada simultaneamente triste e alegre. Resolvemos entender que a saudade é o tema do soneto, embora muito presente a natureza. Se a saudade é o tema, o verso que resume o tema é este:

a) Aquela triste e leda madrugada.

b) Cheio toda de mágoa e de piedade.

c) Quero que seja sempre celebrada.

d) Ela só, quando amena e marchetada.

e) Ela só viu as lágrimas em fio.

143. "Aquela triste e leda madrugada".

A madrugada é triste, porque:

a) Assiste ao momento da separação.

b) Está repleta de saudade.

c) Sempre deu ao mundo claridade.

d) Chora o desamor dos amantes.

e) Derrama lágrimas em fio.

144. A madrugada é leda (alegre), porque:

a) Tem mágoa e piedade.

b) Exige que seja sempre comemorada.

c) É naturalmente alegre: a aurora amena e marchetada.

d) Sempre deu descanso às almas condenadas.

e) Habita um grande e largo rio.

145. A madrugada é:

a) Objetivamente triste e objetivamente alegre.

b) Subjetivamente triste e subjetivamente alegre.

c) Objetivamente triste e subjetivamente alegre.

d) Subjetivamente triste e objetivamente alegre.

e) Racionalmente triste e emocionalmente alegre.

146. Vários versos justificam a razão por que a madrugada é triste, com exceção de:

a) Cheia toda de mágoa e de piedade.

b) Saía dando ao mundo claridade.

c) Viu apartar-se de uma outra vontade.
d) Ela só viu as lágrimas em fio.
e) Ela viu palavras magoadas.

147. Três palavras do soneto bastam, para justificar a razão por que a madrugada é alegre.
a) Mágoa – piedade – saudade.
b) Amena – marchetada – claridade.
c) Aparatar-se – vontade – apartada.
d) Lágrimas – olhos – derivadas.
e) Grande – largo – rio.

148. A natureza, no soneto, aparece como:
a) Lugar de tormento.
b) Palco da separação.
c) Paraíso dos amantes.
d) Sítio onde residem as almas condenadas.
e) Lugar ideal onde moram o bucólico e a felicidade.

149. A madrugada, no soneto, aparece como:
a) Confidente dos amantes.
b) Traidora dos namorados.
c) Conselheira dos condenados.
d) Testemunha da separação.
e) Auxiliadora dos infelizes.

150. *"Quero que seja sempre celebrada".*

"Celebrada", do verbo celebrar, no texto, só não é:
a) Trazer à memória.
b) Tornar lembrado.
c) Memorar.
d) Recordar, comemorar.
e) Notar, assimilar.

151. *"Ela só, quando amena e marchetada".*

"Marchetada", no texto, só não é:

a) Colorida.
b) Matizada.
c) Policromática.
d) Embutida.
e) Brilhante.

152. *"Ela viu as palavras magoadas
Que puderam tornar o fogo frio".*

Este fogo que se tornou frio, só pode ser o fogo da:

a) Ilusão.
b) Aurora.
c) Ternura.
d) Paixão.
e) Decepção.

153. *"E dar descanso às almas condenadas".*

As almas, ou seja, os amantes, foram condenados:

a) À dor da separação.
b) Ao sofrimento dos pecadores.
c) Ao desespero dos infiéis.
d) Ao medo do inferno.
e) À solidão dos renegados.

154. *"Ela (a madrugada) viu as palavras magoadas".*

O autor usou o verbo "ver" pelo "ouvir", porque quem vê:

a) Se emociona mais.
b) É mais testemunha do que aquele que ouve.
c) É mais triste do que aquele que ouve.
d) Participa menos da separação.
e) Relembra com mais facilidade do que aquele que apenas ouve.

155. À madrugada são atribuídas características e ações humanas: triste, cheia de mágoa e de piedade, capaz de sair e ver, figura de linguagem a que chamamos:

a) Antítese.

b) Silepse.

c) Anacoluto.

d) Polissíndeto.

e) Prosopopéia.

156. O verbo "ver", repetido três vezes no soneto, confere à madrugada a função de testemunha da separação dos amantes. O advérbio "só" (ela só, quando amena e marchetada) confere à madrugada a função de testemunha:

a) Única.

b) Triste.

c) Cheia de mágoas.

d) Autêntica.

e) Suspeita.

157. Os fatos testemunhados pela madrugada são os seguintes, com exceção de:

a) Apartar-se de uma outra vontade.

b) Lágrimas em fio derivadas de uns e de outros olhos.

c) Lágrimas que se acrescentaram em grande e largo rio.

d) Palavras magoadas.

e) A aurora que dá ao mundo claridade.

158. Infere-se, pela leitura cuidadosa do soneto, que se trata de uma separação, de duas pessoas, que choram, que falam, manifestando seu sofrimento. Vamos comprovar, estabelecendo a correspondência.

I Separação   ( ) Magoadas
II Duas pessoas   ( ) Palavras
III Que choram   ( ) Lágrimas em fio
IV Que falam   ( ) De uns e de outros olhos
V Seu sofrimento   ( ) Apartar-se

Estabelecendo a correspondência, encontramos o seguinte resultado:

a) I – III – V – II – IV.
b) II – IV – III – I – V.
c) V – IV – III – II – I.
d) I – II – III – IV – V.
e) V – I – IV – II – III.

159. Hipérbole é a figura de linguagem que exagera a verdade para convencer melhor. Então, encontramos a seguinte hipérbole:

a) Na madrugada que é leda e triste.
b) Na madrugada cheia de piedade.
c) Na claridade da madrugada.
d) No choro dos amantes.
e) Nas lágrimas que se acrescentaram em grande e largo rio.

160. *"Aquela <u>triste e leda</u> madrugada"*
       "Que puderam tornar o <u>fogo frio</u>"

As palavras grifadas são exemplos expressivos de:

a) Antítese.
b) Anacoluto.
c) Pleonasmo.
d) Silepse.
e) Elipse.

161. Assinale o que é falso:

a) O poema é um soneto porque é formado por dois quartetos e dois tercetos.
b) Os versos são decassílabos.
c) Os decassílabos são sáficos (com acento na quarta, oitava e décima silabas).
d) As rimas, nos quartetos, obedecem à posição ABBA / ABBA.
e) As rimas, nos tercetos, obedecem à posição CDC / DCD.

162. O soneto é formado por quadro períodos, encerrados, cada um deles, por um ponto final. Cada estrofe compreende um período. Primeiro período:

Aquela triste e leda madrugada,
Cheia toda de mágoa e de piedade,
Enquanto houver no mundo saudade
Quero que seja sempre celebrada.

"Quero" é a oração principal. Quero o quê? A oração que lhe completa é a objetiva direta. Vamos destacá-la:

a) Enquanto houver no mundo saudade.

b) Que no mundo a saudade seja sempre celebrada.

c) Que seja sempre celebrada.

d) Que aquela triste e leda madrugada seja sempre celebrada.

e) Que aquela triste e leda madrugada, cheia toda de mágoa e de piedade, seja sempre celebrada.

163. *"Enquanto houver no mundo saudade"*

Com "saudade" no plural poder-se-ia escrever assim:

a) Enquanto houverem no mundo saudades.

b) Enquanto existir no mundo saudades.

c) Enquanto houver no mundo saudades.

d) Enquanto possa existir no mundo saudades.

e) Enquanto possam haver no mundo saudades.

164. Segundo período:
Ela só, quando amena e marchetada
Saía, dando ao mundo claridade,
Viu apartar-se de uma outra vontade,
Que nunca poderá ver-se apartada.

O período inicia-se por um pronome, seguido de um advérbio. Vamos dar o seguimento lógico da primeira oração:

a) Ela só, quando amena e marchetada saia.

b) Ela só, dando ao mundo claridade.

c) Ela só, quando amena e marchetada saia, dando ao mundo claridade.

d) Ela só viu apartar-se de uma outra vontade.

e) Ela só viu que nunca poderá ver-se apartada.

165. *"Dando ao mundo claridade".*

Com o pronome no lugar de "claridade", escreveríamos assim:
a) Dando-a ao mundo.
b) Dando-o ao mundo.
c) Dando-lhe ao mundo.
d) Dando ela ao mundo.
e) Dando ele ao mundo.

166. *"Que nunca poderá ver-se apartada".*

O pronome relativo "que" retoma um substantivo anterior:
a) Madrugada.
b) Mágoa.
c) Piedade.
d) Saudade.
e) Vontade.

167. Terceiro período:

Ela só viu as lágrimas em fio,
Que de uns e de outros olhos derivadas,
Se acrescentaram em grande e largo rio.

Sujeito do verbo "acrescentaram"
a) Lágrimas em fio.
b) "Que" no lugar de lágrimas em fio.
c) Olhos derivados.
d) Grande rio.
e) Largo rio.

168. *"Lágrimas em fio".* **Recebe no texto, um adjetivo:**
a) De uns e de outros.
b) De uns e de outros olhos.
c) De uns e de outros olhos derivados.
d) Que de uns e de outros olhos derivados se acrescentaram em grande e largo rio.
e) Grande e largo.

169. Quarto período:

Ela viu as palavras magoadas
Que puderam tornar o fogo frio
E dar descanso às almas condenadas.

Três orações; cada uma representada por um verso. A primeira é a principal (ela viu as palavras magoadas). A segunda, (que puderam tornar o fogo frio) chama-se :
a) Adjetiva.
b) Substantiva.
c) Adverbial.
d) Coordenada.
e) Assindética.

170. A terceira oração (e dar descanso às almas condenadas) chama-se:
a) Assindética.
b) Coordenada aditiva.
c) Adverbial.
d) Substantiva.
e) Adjetiva.

171. No período, só um objeto indireto:
a) Palavras magoadas.
b) Que "no lugar de palavras magoadas".
c) Almas condenadas.
d) Fogo frio.
e) Descanso.

IX
A Mudança

O tema "Mudança" constitui uma preocupação constante nos sonetos camonianos. O tema é do agrado dos poetas renascentistas. Que mudança é essa de que fala o poeta renascentista? A mudança que o tempo opera, a mudança do amor em desamor, a mudança das vontades, a mudança do verde campo, agora seco e árido, a mudança da esperança. Tudo muda e faz mudar, exceto esta verdade imutável: tudo muda e faz mudar. Antes de Camões, Sá de Miranda o introduz, em Portugal. Introduz também a medida nova (soneto decassílabo heróico e sáfico). Não lhe é estranho o tema "A Mudança".

O sol é grande, caem com a calma as aves
Sá de Miranda

O sol é grande, caem com a calma as aves
Do tempo em tal sazão, que sói ser fria.
Esta água que do alto cai acordar-me-ia,
Do sono não, mas de cuidados graves.

Ó cousas, todas vãs, todas mudaves!
Qual é tal coração que em vós confia?
Passam os tempos, vai dia trás dia,
Incertos muito mais que ao vento as naves.

Eu vira já aqui sombras, vira flores,
Vi tantas águas, vi tanta verdura,
As aves todas cantavam de amores.

Tudo é seco e mudo, e de mestura,
Também mudando-me eu fiz doutras cores,
E tudo o mais renova, isto é sem cura.

Camões é o maior poeta do renascimento, portanto não poderia ficar alheio ao tema "Mudança".

1
Mudam-se os tempos, mudam-se as vontades
Camões

Mudam-se os tempos, mudam-se as vontades,
Muda-se o ser, muda-se a confiança;
Todo o Mundo é composto de mudança,
Tomando sempre novas qualidades.

Continuamente vemos novidades,
Diferentes em tudo da esperança;
Do mal ficam as mágoas na lembrança,
E do bem, se algum houve, as saudades.

O tempo cobre o chão de verde manto,
Que já coberto foi de neve fria,
E em mim converte em choro o doce canto.

E, afora este mudar-se cada dia,
Outra mudança faz de mor espanto:
Que não se muda já como soía.

Já se falou. O tema deste soneto é a mudança. Tudo está em permanente transformação. Na primeira estrofe, o mundo está em mudança: os tempos, as vontades, o ser, a confiança... enfim "todo o mundo é composto de mudança, tomando sempre novas qualidades". Na segunda estrofe, os sentimentos estão em mudança: novidades constantes, diversas esperanças; o mal transforma-se em mágoas e o bem, em saudades. A oração condicional "se algum (bem) houve" já revela o pessimismo do autor. Na terceira estrofe, a Natureza está em mudança: a primavera sucede o inverno (o tempo cobre o chão de verde manto/que já coberto foi da neve fria).

No "Eu" o doce canto se transforma em choro. A última estrofe surpreende o leitor. O poeta que vê tanta mudança no mundo, nos sentimentos, na natureza e no próprio "Eu", espera que ele próprio mude. Tudo nele é mudança: a juventude à velhice; os cabelos negros às cãs de um velho; a força da juventude à debilidade da senilidade. Neste momento de sua vida, nada mais muda. Não se muda como soía (não se muda como no passado era costume mudar). A neve fria, no inverno, cobre os campos. Porém, logo virá, na primavera, o verde manto, porque tudo muda. Na velhice, a debilidade não se transforma em fortaleza nem os cabelos, cobertos de neve fria (brancos) mudar-se-ão em cabelos cobertos de negro manto (pretos). É o destino que persegue inexoravelmente os humanos.

"Também mudando-me eu fiz de outras cores
E tudo o mais renova: isto é sem cura".

Este soneto guarda a forma tradicional de seu desenvolvimento:

Primeira estrofe – Apresentação do assunto. A mudança.

"Mudam-se os tempos, mudam-se as vontades".

Segunda estrofe – Desenvolvimento do assunto.

"Continuamente vemos novidades".

Terceira estrofe – Confirmação da ideia apresentada.

"O tempo cobre o chão de verde manto
Que já coberto foi da neve fria".

Quarta estrofe – Conclusão. Chave de ouro.

"Que não se muda já como soía".

Opera-se a mudança do pior para o melhor:

"O tempo cobre o chão de verde manto
  Que já coberto foi da neve fria".

Operam-se mudanças do melhor para o pior:

"Continuamente vemos novidades
Diferentes em tudo da esperança
Do mal ficam as mágoas na lembrança
E do bem (se algum houve), as saudades
E em mim converte em choro o doce canto".

Opera-se a pior de todas as mudanças:

"Que não se muda já como soía".

Opera-se a mudança no poeta em analogia com o ciclo das estações, porém no sentido inverso:

"O tempo cobre o chão de verde manto
Que já coberto foi de neve fria
E em mim converte em choro o doce canto".

2
Já tempo foi que meus olhos folgavam
Camões

Já tempo foi que meus olhos folgavam
De ver os verdes campos graciosos;
Tempo foi já também que os sonorosos
Ribeiros meus ouvidos recreavam.

A Mudança

Foi tempo que nos bosques me alegravam
Os cantares das aves saudosos,
Os freixos e altos álamos umbrosos
Cujos ramos por cima se juntavam.

Permanecer não pude em tal folgança;
Não me pôde durar esta alegria,
Não quis este meu bem ter segurança;

Ainda neste tempo eu não sentia
Do fero Amor a força e a mudança,
Os laços e as prisões com que prendia.

Maravilhoso soneto. O feroz Amor é capaz de cercear os prazeres que a natureza (locus amoemus) sempre ofereceu ao poeta. A mudança é visível: o Antes e o Depois ou o Passado e o Presente. Antes (o passado) revela-se nos dois primeiros quartetos. Depois (o presente) revela-se nos dois tercetos. Antes – o passado – recordação sinestésica: olhos folgavam de ver, os sonoros ribeiros meus ouvidos recreavam. Esta visão e audição repercutiam na felicidade do sujeito lírico: folgavam, recreavam, alegravam. O poeta era feliz na contemplação da natureza. tudo é paradisíaco: verdes campos, sonoros ribeiros, os bosques, os cantares das aves, os freixos e os altos álamos umbrosos. Depois – o presente – uma violenta transformação. A mudança operou-se com o aparecimento do Amor feroz. Ele é causa de cessarem a folgança, a recreação e a alegria. O amor tem laços e prisões e este impede a que a Natureza seja despreocupadamente contemplada. O amor é tão possessivo que impede o sujeito lírico de contemplar alguma coisa que não seja o objeto de seu amor. O amor prende o poeta com laços e prisões. Nem a Natureza é capaz de libertá-lo deste cárcere. O amor é causa da mudança. O amor que foi possessivo, para o poeta, não o deixou permanecer na folgança que descreve.

3
Se quando vos perdi, minha esperança
Camões

Se quando vos perdi, minha esperança,
A memória perdera juntamente
Do doce bem passado e mal presente,
Pouco sentira a dor de tal mudança.

Mas Amor, em quem tinha confiança,
Me representa mui miudamente
Quantas vezes me vi ledo e contente,
Por me tirar a vida esta lembrança.

De cousas de que não havia sinal,
Por as ter postas já em esquecimento,
Destas me vejo agora perseguido.

Ah dura estrela minha! Ah grão tormento!
Que mal pode ser maior que, no meu mal,
Ter lembrança do bem que é já perdido?

O tema é a mudança: o presente e o passado; o bem passado e o mal presente; o esquecimento e a memória.

Primeira quadra. O poeta perde a esperança e a memória juntamente, por isso não sentiu a mudança do bem passado ao mal presente.

Segunda quadra. Mas do amor em que sempre confiou, tem vaga lembrança. Várias vezes fica alegre e contente, justamente porque não tem mais a lembrança do amor.

Primeiro terceto. O poeta se vê perseguido pelas coisas que a memória apagou.

Segundo terceto. Grande tormento: ter lembrança do bem passado que hoje é perdido.

4
Se as penas com que Amor tão mal me trata
Camões

Se as penas com que Amor tão mal me trata
Quiser que tanto tempo viva delas,
Que veja escuro o lume das estrelas,
Em cuja vista o meu se acende e mata;

E se o tempo, que tudo desbarata,
Secar as frescas rosas sem colhê-las,
Mostrando a linda cor das tranças belas
Mudada de ouro fino em bela prata.

Vereis, Senhora, então também mudado
O pensamento e aspereza vossa,
Quando não sirva já sua mudança.

Suspirareis então pelo passado,
Em tempo quando executar-se possa
Em vosso arrepender minha vingança.

O tempo tudo desbarata: seca as frescas rosas, mostra os lindos cabelos e transforma-os da cor áurea (ouro fino) em branca cor (bela prata). Assim, na maturidade, conseqüência da juventude, a amada mudará o pensamento e a aspereza e este seu arrependimento será a vingança do poeta.

Interpretação Dirigida

Leia, com atenção, o soneto transcrito. Responda, depois, às questões de **172 a 186**, elegendo uma das alternativas.

5
Oh! Como se me alonga, de ano em ano
Camões

Oh! Como se me alonga, de ano em ano,
A peregrinação cansada minha!
Como se encurta, e como ao fim caminha
Este meu breve e vão discurso humano!

Vai-se gastando a idade e cresce o dano;
Perde-se-me um remédio, que inda tinha;
Se por experiência se adivinha,
Qualquer grande esperança é grande engano.

Corro após este bem que não se alcança;
No meio do caminho me falece,
Mil vezes caio e perco a confiança.

Quando ele foge, eu tardo; e, na tardança,
Se os olhos ergo a ver se inda parece,
Da vista se me perde e da esperança.

172. Podemos deduzir que a mudança de que fala o soneto, se expressa neste binômio:
a) Juventude / maturidade.
b) A idade / um remédio.
c) De ano em ano / breve discurso humano.
d) Experiência / esperança.
e) Vida / amor.

173. Na maturidade, reforça-se o sentido:

a) Da paixão humana.

b) Da felicidade madura.

c) Pessimista da existência.

d) Religioso da existência.

e) Apaixonado da mocidade.

174. Na primeira estrofe, a vida alonga-se temporalmente (de ano a ano); por outro lado, encurta-se existencialmente, tornando um discurso breve e vão. Portanto:

a) Um pleonasmo.

b) Um polissíndeto.

c) Um anacoluto.

d) Uma silepse.

e) Um paradoxo.

175. Na segunda estrofe, são diretamente proporcionais:

a) A experiência e a juventude.

b) O remédio e a perdição.

c) O dano e a idade.

d) A esperança e o engano.

e) A liberdade e a razão.

176. Na terceira estrofe, retoma-se:

a) A vida social.

b) A natureza intima.

c) A liberdade criadora.

d) A imagem peregrinante.

e) A confiança intima.

177. Na última estrofe, o soneto conclui, em chave de ouro, tudo o que se disse nas estrofes anteriores. Em resumo, a última estrofe conclui que:

a) A fuga é sempre tardia.

b) A frustração existencial é irremediável.

c) Os olhos jamais se erguem na contemplação do belo.

d) A vista se perde na esperança.

e) O amor vence ainda que tardiamente.

178. *"Este meu breve e vão discurso humano"*

O adjetivo "vão", no verso, só não significa:

a) Vazio.

b) Fantástico.

c) Sem valor.

d) Fútil.

e) Ineficaz.

179. *"Mil vezes caio e perco a confiança".*

Figura expressiva de:

a) Antítese.

b) Anacoluto.

c) Hipérbole.

d) Pleonasmo.

e) Silepse.

180. *"Da vista se me perde e da esperança".*

Na ordem direta:

a) Da vista e da esperança se me perde.

b) Da esperança se me perde da vista.

c) Se da esperança me perde da vista.

d) Se da vista e da esperança me perde.

e) Perde-se-me da vista e da esperança.

181. Vamos à analise sintática de alguns termos de cada estrofe:

Oh! Como se me alonga, de ano em ano,
A peregrinação cansada minha!
Como se encurta, e como ao fim caminha
Este meu breve e vão discurso humano!

Núcleo do sujeito do verbo encurtar:

a) Peregrinação.

b) Breve.

c) Vão.

d) Discurso.

e) Humano.

182. "De ano em ano" tem o mesmo valor sintático de:

a) Peregrinação.
b) Cansada minha.
c) Ao fim.
d) Breve discurso.
e) Vão discurso.

183. *Vai-se gastando a idade e cresce o dano;*
Perde-se-me um remédio, que inda tinha;
Se por experiência se adivinha,
Qualquer grande esperança é grande engano

Assinale a alternativa errada:
a) "Dano" é sujeito do verbo crescer.
b) "Remédio" é objeto direto do verbo perder.
c) "Que", no lugar de remédio, é objeto direto do verbo ter.
d) "Se" (se por experiência) é conjunção que introduz a oração condicional.
e) "Grande engano" é o predicativo do sujeito "grande esperança".

184. Com "remédio" no plural, escreveríamos, corretamente, assim:
a) Perde-se-me uns remédios que inda tinha.
b) Perdem-se-me uns remédios que inda tinham.
c) Perdem-se-me uns remédios que inda tinha.
d) Perde-se-me uns remédios que inda tinham.
e) Perder-se-me-ia uns remédios que inda tinha.

185. *Corro após este bem que não se alcança;*
No meio do caminho me falece,
Mil vezes caio e perco a confiança.

"Que" e "confiança" exercem a função, respectivamente de:
a) Sujeito – sujeito.
b) Objeto direto – objeto direto.
c) Objeto direto – sujeito.
d) Sujeito – objeto direto.
e) Sujeito – objeto indireto.

186. *Quando ele foge, eu tardo; e, na tardança,*
Se os olhos ergo a ver se inda parece,
Da vista se me perde e da esperança.

Assinale a análise errada que se faz:

a) "Eu tardo" – oração principal.
b) "Quando" ela foge – oração temporal.
c) "E, na tardança da vista se me perde e da esperança" – coordenada aditiva.
d) "Se os olhos ergo a ver" – condicional.
e) "Se inda parece" – condicional.

X
A Influência do Neoplatonismo

Para Platão, dois são os mundos: o mundo sensível e o mundo inteligível. O mundo sensível é povoado das coisas que nos rodeiam: os homens, os animais, as aves... O mundo inteligível é constituído das ideias puras, seres ideais. No plano sensível, um cavalo, por exemplo, seria uma imitação grosseira, um reflexo da ideia pura de um cavalo no plano inteligível. Assim, o conceito de liberdade, justiça, beleza... Estes que conhecemos, seriam imitação destes valores que existem em Deus. Desta maneira, o conceito de Liberdade, Justiça, Beleza, só é relativo neste mundo sensível. No mundo inteligível, existe o conceito de Liberdade, Justiça, Beleza que coincide com o próprio criador. No mundo inteligível, não existem conceitos relativos. Os valores são absolutos. Nossa preocupação é, pois, atingir a beleza, a justiça e a liberdade no plano divino e não no plano humano. A poesia platônica canta a mulher amada como reflexo da beleza divina. Assim, o amor descrito na poesia não é carnal mas espiritual, ideológico... platônico. Vamos ler um trecho de "A República" de Platão: "Enquanto tivermos a alma enlodada no corpo, jamais alcançaremos o fim de nosso desejo: a verdade. O corpo coloca todos os obstáculos: doença, dor, cobiça. É mister que a alma abandone o corpo e sozinha observe os objetos de sua contemplação. Essa liberdade é a morte e os verdadeiros filósofos não trabalham senão para morrer". Lemos também em Os Lusíadas, Canto IX, estrofe 20, versos 7 e 8: "(O amor) os Deuses faz descer ao vil terreno/e os humanos subir ao céu sereno".

1
Transforma-se o amador na cousa amada
Camões

Transforma-se o amador na cousa amada,
Por virtude do muito imaginar;
Não tenho, logo, mais que desejar,
Pois em mim tenho a parte desejada.

Se nela está minha alma transformada,
Que mais deseja o corpo de alcançar?
Em si somente pode descansar,
Pois consigo tal alma está liada.

Mas esta linda e pura semideia
Que, como um acidente em seu sujeito,
Assim com a alma minha se conforma,

Está no pensamento como ideia;
E o vivo e puro amor de que sou feito,
Como matéria simples, busca a forma.

Nos dois primeiros versos, fundem-se, numa só pessoa, o amador e a mulher amada. A fusão espiritual tem uma causa: "por virtude do muito imaginar", ou seja, pensa tanto na mulher amada que o "Eu" é "Ela" e "Ela" é o "Eu". No terceiro verso, uma conclusão e, no quarto, uma explicação. A conclusão revelada pela conjunção "logo", é que o amador não pode desejar a posse da amada... pois (explicação) ele tem, nele mesmo, a parte desejada. Espiritualmente, ou seja, platonicamente, são uno. O corpo é um obstáculo a essa integração. Contudo, de tanto amar espiritualmente o amador se transforma na pessoa a quem ama. Eis o ideal platônico. O segundo quarteto desenvolve a ideia já manifesta na quadra anterior. Insiste o Autor: se o poeta é ela e ela é o poeta que mais pode desejar? Não a pode desejar, porque ela está liada (unida, ligada) a ele.

No primeiro terceto, uma conjunção adversativa expressiva: "mas". Se é adversativa, o poeta vai negar aquilo que afirmou nos dois quartetos. Muda-se, de repente, o conceito do amor. O poeta abandona Platão e fica com Aristóteles. Esta linda e pura mulher está no pensamento enquanto ideia. Seu vivo e puro amor (amor platônico) não pode descansar em si; há de buscar uma forma de realizar a satisfação do desejo (amor carnal). Assim, o soneto apresenta dois polos: o amor ideal, platônico e o amor físico, carnal. Quer o primeiro. Não consegue. É atraído inexoravelmente pelo segundo. Lê-se o platonismo, em dois momentos. No primeiro momento, o poeta se identifica com a amada pela imaginação:

Transforma-se o amador na coisa amada
Por virtude do muito imaginar
Se nela está minha alma transformada
Que (Semideia) como um acidente em seu sujeito
Assim com a alma minha se conforma

No segundo momento, a amada faz parte do poeta, portanto não precisa desejar mais nada, pois não pode desejar possuir aquilo que já está integrado nele. Ninguém pode pretender possuir o que já possui:

Não tenho, logo, mais que desejar
Pois em mim tenho a parte desejada
Em si somente pode descansar
Pois consigo tal alma está liada.

Leia agora o amor carnal:

E o vivo e puro amor de que sou feito,
Como a matéria simples, busca a forma.

"A tese de que o amante se transforma no amado é essencial na literatura amorosa e mística: "Diz Eurípedes que o amante vive em corpo de outro", cita Leão Hebreu. E Heitor Pinto: "São Dionísio diz que o amor transforma o amante no amado". A sentença não falta em Petrarca: ela é, com efeito, consubstancial a toda a teoria platônica e mística do amor, especialmente sob a forma petrarquiana. Nessa identificação do amador com a beleza amada consiste justamente a virtude do amor, porque é por ela que o amador se eleva a um grau superior de perfeição, participando na realidade espiritual que se esconde sob o véu da beleza terrena, no amor humano, ou na própria divindade, no amor místico.

Mas trata-se de uma participação toda espiritual: uma participação em Deus ou na ideia, incompatível com uma satisfação da carne. "Está no pensamento como ideia". Se assim é, pergunta Camões, por que não repousa em si próprio o corpo do amante? Não está nele a cousa amada, como o acidente incluído no sujeito, ou, por outras palavras, como o atributo na substância? Não são o amante e o amado uma só cousa no mesmo corpo? Não é o corpo do amante a sede da alma da amada, em que ele se transformou? Que mais, pois, deseja o corpo alcançar?

Mas deseja: esta é a realidade empírica que para Camões põe todo o problema do amor. E para a integrar numa construção lógica, socorre-se ele das categorias aristotélicas, matérias e forma. "A matéria, como diz o Filosofo, apetece todas aquelas formas de que está privada", escreve Leão Hebreu, também a propósito do amor. Segundo Aristóteles, a matéria é a existência virtual, que só se realiza mediante as formas. Para Camões, o amor mental é tão só "matéria", virtualidade, apetência. E, para que o amor saia da mera virtualidade, tem de realizar-se corporeamente. O desejo do corpo realizado é a sua "forma". Assim, a tese platônica, a de que o amor é a ideia do amado vivida pelo amante, contraditada pela experiência ("que mais deseja o corpo alcançar?"), suscita uma tentativa de síntese lógica de inspiração aristotélica. Síntese, aliás, ilusória, porque a probabilidade do amor está inteiramente fora do empirismo aristotélico. O fato é, todavia, que, partindo de Platão, Camões vai ter a Aristóteles.
Antônio José Saraiva, Luís de Camões, Estudo em Antologia. p. 70-71.

2
Pede-me o desejo, Dama, que vos veja
Camões

Pede-me o desejo, Dama, que vos veja;
Não entende o que pede, está enganado.
É este amor tão fino e tão delgado
Que, quem o tem, não sabe o que deseja.

Não há cousa, a qual natural seja,
Que não queira perpétuo seu estado;
Não quer logo o desejo o desejado,
Porque não falte nunca onde sobeja.

Mas este puro afeito em mim se dana;
Que, como a grave pedra tem por arte
O centro desejar da Natureza,

Assim o pensamento (pela parte
Que vai tomar de mim, terrestre, humana),
Foi, Senhora, pedir esta baixeza.

Na primeira quadra, dois amores: o amor espiritual e o amor carnal. Os dois primeiros versos se referem ao amor carnal (Pede-me o desejo, Dama, que vos veja). Tome-se aqui o verbo "ver" como possuir, passar ao contato físico. Contudo, seu amor é tão especial, tão fino e delicado que jamais poderá realizar-se através da posse carnal:

"*É este amor tão fino e tão delgado*
 Que, quem o tem, não sabe o que deseja"

Na segunda quadra, o autor desenvolve o que disse na primeira. O argumento é este. Se o amante possuísse a mulher amada, não a mais desejaria. Há, na natureza, um princípio de inércia:

"Não há cousa, a qual natural seja
Que não queira perpétuo seu estado"

Ora, para desejar é preciso não a possuir, porque, possuindo-a, não mais a desejaria.

"Não quer logo o desejo o desejado,
Porque não falte nunca onde sobeja".

A posse da amada destruiria o próprio amor.
No primeiro terceto, a conjunção coordenada "mas" já indica que algo contraditório ao que se disse nas quadras vai se manifestar. A pedra é atraída pela terra e o poeta, tal qual o fenômeno natural, é atraído sexualmente pela amada. Assim, aquilo que o poeta admite, teoricamente, (amor espiritual), é negado pela sua experiência (amor carnal).

... como a grave pedra tem por arte
O centro desejar da natureza,
Assim o pensamento...
Foi, Senhora, pedir esta baixeza.

Querendo-a, carnalmente, nos tercetos, já que é impossível retirar este desejo, nomeia esta vontade de baixeza. Duas forças contraditórias se debatem. O ideal platônico exige o amor contemplativo; a experiência da vida leva-o, tal qual a pedra é atraída pela natureza, ao amor heróico. Parece assim inevitável que os amantes, ainda que iniciem a vida separados, acabem inexoravelmente unidos eroticamente. A pedra dirige-se ao centro da natureza – isto é inevitável. O amante é atraído pelo corpo da mulher amada – isto também é inevitável. O vocabulário usado pelo poeta é simples. Contudo, merece esclarecer alguns deles:

É este amor tão tímido e tão **delgado** (delicado, contemplativo).

Por que não falte nunca onde **sobeja** (em excesso, fartamente).

Mas este puro **afeito** em mim se **dana** (sentimento – afeto) (se corrompe).

3
Em um batel que, com doce meneio
Camões

Em um batel que, com doce meneio,
O aurífero Tejo dividia,
Vi belas damas, ou, melhor diria,
Belas estrelas e um Sol no meio.

As delicadas filhas de Nereio,
Com mil correias de doce harmonia,
Iam amarrando a bela companhia
Que, se eu não erro, por honrá-las veio.

Ó fermosas Nereidas, que, cantando,
Lograis aquela vista tão serena
Que a vida, em tantos males, quer trazer-me,

Dizei-lhe que olhe que se vai passando
O curto tempo e a tão longa pena;
O espírito é pronto; a carne, enferma.

"Enquanto tivermos a alma enlodada no corpo, jamais alcançaremos os fins de nosso desejo: a verdade". A República de Platão. O tempo faz cessar a beleza. A carne é enferma. Só o espírito é capaz de, abandonando o corpo, contemplar a verdade.

Verso 1. Em um batel... com doce meneio. Em um barco... com suave movimento.

Verso 5. *Nereio*. Nereu, divindade marinha, filha de Oceano e Tétis, esposa de Dóris, de quem teve cinquenta filhas, as Nereidas.

Verso 6. *Correias*. Na Grécia antiga, dança acompanhada de cantos.

Verso 11. O "que" inicial não é pronome relativo, porém conjunção subordinada consecutiva. Entenda-se assim: aquela vista é tão serena, que a vida quer trazê-la ao poeta em sua desgraça.

Verso 14. "O espírito é pronto; a carne, enferma". O poeta reproduz quase textualmente as palavras de Cristo no jardim de Getsêmani: "O espírito na verdade está pronto, nas a carne é fraca" (Mateus, 26 – 41; Marcos, 14 – 38).

4
O cisne, quando sente ser chegada
Camões

O cisne, quando sente ser chegada
A hora que põe termo a sua vida,
Música com voz alta e mui subida
Levanta pela praia inabitada.

Deseja ter a vida prolongada,
Chorando do viver a despedida;
Com grande saudade da partida,
Celebra o triste fim desta jornada.

Assim, Senhora minha, quando via
O triste fim que davam meus amores,
Estando posto já no extremo fio,

Com mais suave canto e harmonia
Descantei pelos vossos desfavores
La vuestra falsa fé y el amor mio.

A imagem é do Phedon de Platão: o canto suave do cisne no momento que lhe antecede a morte. Certamente, o poeta buscou esta imagem em Platão, porque o conhecia profundamente. Contudo, aproveitou-a num sentido diverso daquele que Platão propunha. Para Platão, o canto do cisne é a alegria que antecede à morte, porque se aproxima o momento do retorno ao seio de Deus. "Quando, porém, os homens receiam a morte, falsamente acusam os cisnes de chorar, lançando um canto doloroso". Platão. Camões é um desses homens.

Verso 13. *Descantei*. Descantar. É cantar ao som do descante, (viola pequena) ou mesmo soarem instrumentos, acompanhando vozes. Desfavores. Desfavor, desdém, desprezo, desconsideração.

Verso 14. *"La vuestra falsa fé y el amor mio"*. Verso de Boscán, poeta espanhol.

Exercícios

Leia, com atenção, o soneto transcrito. Responda, depois, às questões de **187 a 200**.

5
Sete anos de pastor Jacó servia.
Camões

Sete anos de pastor Jacó servia
Labão, pai de Raquel, serrana bela;
Mas não servia ao pai, servia a ela,
E a ela só por prêmio pretendia.

Os dias, na esperança de um só dia
Passava, contentando-se com vê-la;
Porém o pai, usando de cautela,
Em lugar de Raquel lhe dava Lia.

Vendo o triste pastor que com enganos
Lhe fora assim negada a sua pastora,
Como se a não tivera merecida,

Começa de servir outros sete anos,
Dizendo : - Mais servira, se não fora
Para tão longo amor tão curta a vida !

187. O que nos deslumbra neste poema é seu tema, a razão última do texto, sua própria essência:

a) O problema do pai, desejoso de casar as filhas.
b) A valorização do trabalho de Jacó.
c) O grande amor às filhas, revelado por Labão.
d) O canto do Amor, Amor em toda a sua plenitude, amor-doação, independente de espaço e tempo.
e) A beleza de Raquel que supera a de Lia; a serrana pastora que cativa, com sua beleza, o amor de Jacó.

188. Leia o texto bíblico:

Pela manhã, viu Jacó que tinha ficado com Lia. E disse a Labão: "Que me fizeste? Não foi por Raquel que te servi? Por que me enganaste?" (Gênesis- 29/15 a 30)
O texto bíblico diz: "Não foi por Raquel que te servi?" Mas Camões dirá o equivalente no seguinte verso:

a) Sete anos de pastor Jacó servia.
b) Para tão longo amor, tão curta a vida.
c) Os dias, na esperança de um só dia.
d) Passava, contentando-se com vê-la.
e) Mas não servia ao pai, servia a ela.

189. Camões exerceu influência sobre muitos dos poetas brasileiros. Observe como este fecho de ouro (Para tão longo amor tão curta a vida) é imitado:

a) Garoa do meu São Paulo
   -Timbre triste de martírios
                                    Mário de Andrade

b) A noite caiu sem licença da Câmara
   Se a noite não caísse
   Que seriam dos lampiões?
                                    Oswald de Andrade

c) A visita chegou com olhos de horizonte.
   Tinha estrelas nos pés e tinha pó na fronte
   Guilherme de Almeida

d) Estou farto do lirismo comedido
   Do lirismo bem comportado
   Manuel Bandeira

e) Eu possa me dizer do amor (que tive):
   Que não seja imortal, posto que é chama
   Mas que seja infinito enquanto dure
   Vinícius de Morais

190. Este poema ter-se-ia inspirado no soneto de Petrarca que se inicia com o verso:

"Per Rachel ho servito e non per Lia."

Vê-se que Camões obedeceu ao princípio da imitação, da aceitação de modelos preexistentes, sejam eles os escritores greco-latinos, sejam eles humanistas como Petrarca (1304-1374). E o acatamento de moldes pressupunha o empréstimo de versos inteiros, muitas vezes superiores aos imitados. Este fenômeno da época camoniana denomina-se:

a) Antropocentrismo.

b) Teocentrismo.

c) Formalismo.

d) Antiguidade.

e) Religiosidade.

191. Camões produziu sonetos dos mais perfeitos e belos da Língua, como estes, exceto:

a) Amor é fogo que arde sem se ver;
   É ferida que dói e não se sente;
   É um contentamento descontente;
   É dor que desatina sem doer;

b) Alma minha gentil, que te partiste
   Tão cedo desta vida descontente,
   Repousa lá no céu eternamente
   E viva eu cá na terra sempre triste.

c) Busque amor novas artes, novo engenho
   Para matar-me, e novas esquivanças;
   Que não pode tirar-me as esperanças,
   Que mal me tirará o que eu não tenho.
d) Pálida à luz da lâmpada sombria,
   Sobre o leito de flores reclinada,
   Como a lua, por noite embalsamada,
   Entre as nuvens do amor ela dormia.
e) De quantas graças tinha, a natureza
   Fez um belo e riquíssimo tesouro
   E com rubis e rosas, neve e ouro,
   Formou sublime e angélica beleza.

192. Camões, além de lírico, escreveu "Os Lusíadas", o mais eloqüente poema épico, publicado em:
a) 1524.
b) 1525.
c) 1572.
d) 1580.
e) 1582.

193. *"... se não fora*
   Para tão longo amor tão curta a vida".

Sujeito do verbo ser:
a) Ele (Jacó).
b) Ele (Labão).
c) Ela (Raquel).
d) Ela (Lia).
e) A vida.

194. *Os dias, na esperança de um só dia,*
   Passava, contentando-se com vê-la.

Com pronome no lugar da expressão grifada, escreveríamos assim:
a) Eles, na esperança de um só dia,
   Passava, contentando com vê-la

b) Na esperança de um só dia,
Passava-lhe, contentando com vê-la

c) Na esperança de um só dia,
Passava-os, contentando-se com vê-la

d) Na esperança de um só dia,
Passava-o, contentando-se em vê-la

e) Na esperança de um só dia,
Passava ele, contentando-se com vê-la

195. *"Sete anos de pastor Jacó servia Labão, pai de Raquel, serrana bela".*

Identifique a análise errada:

a) Sete anos - adjunto adverbial.
b) Serrana bela - aposto de Raquel.
c) Jacó - sujeito.
d) Pai de Raquel - aposto de Labão.
e) De pastor - adjunto adnominal.

196. *"Jacó servia Raquel, porém Labão lhe deu Lia".*

Inicie o período pela segunda oração, conservando o mesmo sentido:

a) Labão deu Lia a Jacó, para que / ele servisse Raquel.
b) Labão deu Lia a Jacó, porque / ele serviu Raquel.
c) Labão deu Lia a Jacó, embora / ele houvesse servido Raquel.
d) Labão deu Lia a Jacó, desde que / ele servisse Raquel.
e) Labão deu Lia a Jacó, quando / ele servia Raquel.

197. *Mas não servia <u>ao pai</u>, servia <u>a ela</u>*

Expressivos exemplos de objeto direto:

a) Pleonástico.
b) Cognato.
c) Oracional.
d) Interno.
e) Preposicionado.

198. Só em uma alternativa existe anfibologia, ou seja, dualidade de sentido, com prejuízo ao entendimento da frase:

a) Jacó a Labão servia.

b) A Labão Jacó servia.

c) Labão servia-o Jacó.

d) A Labão servia-o Jacó.

e) Servia Labão Jacó.

199. Se não fora
    Para tão longo amor tão curta a vida

Na ordem direta:

a) Se a vida não fora para tão longo amor tão curta.

b) Se não fora a vida tão curta para ao longo amor.

c) Se a vida não fora tão curta para tão longo amor.

d) Se não fora a vida tão curta para amor tão longo.

e) Se a vida curta não fora para tão longo amor.

200. "Quem ama vidros, pensando que são diamantes, diamantes ama e não vidros". Padre Antônio Vieira. Vamos associar o texto do grande pregador a poema de Camões.

a) Lia -> vidros; Raquel -> diamantes.

b) Lia -> diamantes; Raquel -> vidros.

c) Jacó -> vidros; Labão -> diamantes.

d) Jacó -> diamantes; Labão -> vidros.

e) Jacó e Labão -> vidros; Lia e Raquel -> diamantes.

Bibliografia de poetas citados

1
Almada-Negreiros.
José Sobral de Almada-Negreiros nasceu em Lisboa em 1893, onde faleceu em 1970. Participou, intensamente, do Grupo Orpheu, insurgiu contra o academismo português, e difundiu em seu país as ideias que contaminavam o início do século XX: Futurismo, Cubismo, Dadaísmo. Dedicou toda sua vida ao culto da poesia, pintura, desenho, romance, teatro, conferência e crítica, conquanto no final da vida, se entregasse às artes plásticas. Escreveu: O Moinho, Os Outros, Manifesto Anti-Dantas e Por Extenso, Pierrot e Arlequim, Portugal, Direção Única, Mito-Alegoria-Símbolo.

2
Manuel Bandeira.
Nasceu em Recife em 1886 e faleceu no Rio em 1968. Cursou Engenharia em São Paulo, mas a tuberculose fez com que interrompesse os estudos, procurando cura na Suíça; daí a preocupação com a morte, que toma conta de muitas de suas poesias. Na Europa trava contatos com escritores oriundos do Simbolismo, eis por que seus primeiros livros vêm impregnados de ideias simbolistas. A evolução intelectual de Bandeira é a evolução do próprio Modernismo: vem do Simbolismo, anuncia uma nova estética já antes de 22, adere à Semana de 22, ultrapassa a geração de 30/40 e admira Guimarães Rosa. Em 1917, publica seu primeiro livro. A Cinza das Horas. Este livro já antecipa várias conquistas do Modernismo. Embora preso ainda ao Parnasianismo e ao Simbolismo, A Cinza das Horas anuncia uma nova estética. Não é por outro motivo que Mário de Andrade o apelidou de "o São João Batista do Modernismo". Marcado pela doença, Bandeira impregna seu primeiro livro de um tom de desalento e morte. Em 1919 surge o segundo livro, Carnaval, onde o autor se aproxima da revolução intelectual que a "Semana" fará eclodir. Nele aparece "Os Sapos" poema-ironia contra a estética parnasiana. Apesar disso, a obra ainda guarda reminiscências de

estéticas anteriores. Porém, é no Ritmo Dissoluto, de 1924, que Bandeira se encontra definitivamente com o Modernismo. Daí para frente, o autor mergulha de corpo e alma no Modernismo. Em 1930, aparece Libertinagem, trazendo poemas que se tornariam famosos, tais como "Pneumotórax", "Poética", "Evocação do Recife", "Poema Tirado de uma Notícia de Jornal", "Irene no Céu", e "Profundamente". O Modernismo deve muito às obras que se seguem. Surge, em 1936, Estrela da Manhã, em 1940, Lira dos Cinquent'Anos; em 1948, Belo, Belo; em 1952, Opus 10. Em todos, sempre aparecem a casa onde morou, seus parentes – pais, avós – a ama, a conversa com amigos, o tom erótico, o café que sozinho preparava, a morte e também o teor político e partidário em "No Vosso e em Meu Coração".

3
Jorge de Sena.

Jorge de Sena nasceu em Lisboa em 1919 e morreu em Santa Bárbara (Estados Unidos) em junho de 1978, Engenheiro Civil, Professor Catedrático em São Paulo, Professor de Literatura Portuguesa Brasileira e de Literatura comparada na Universidade da Califórnia, em Santa Bárbara. Escreveu várias obras no âmbito da prosa e da poesia: "Perseguição", "Coroa da Terra", "Poesia I". Para o teatro, "O Indesejado". Escreveu várias antologias, estudos críticos e histórias, incluindo algumas traduções cuidadosas e exemplares.

4
Miguel Torga.

Nasceu em Trás-os-Montes, em 1907 e morreu em 1995. Médico pela Universidade de Coimbra, sabe conciliar, com maestria, as artes de curar e escrever. Fez parte do grupo da Presença nos tempos de estudante. Já maduro, funda as revistas Sinal e Manifesto. Cultiva a poesia (Ansiedade, Rampa, Tributo, Abismo, O Outro Livro de Job, Libertação, Odes, Cântico do Homem, Alguns Poemas Ibéricos etc). Destaca-se igualmente na prosa: Pão Ázimo, Criação do Mundo, Montanha etc. Tanto na prosa como na poesia, sente-se em Torga grande influência de José Régio: o conflito do Bem e do Mal, Deus e o Diabo, a liberdade e a determinação.

5
Bocage.

Bocage, ao lado de Camões, é um dos poucos que desfrutam a popularidade em Portugal. Não só pelo gênio poético, discípulo do autor de Os Lusíadas, como também pela lenda anedótica de suas aventuras e façanhas de sua boêmia, que correm Portugal e Brasil, tornando-o um dos mais conhecidos e respeitáveis poetas de Portugal. Elmano Sadino, pseudônimo árcade, nasceu em Setúbal, em 1765. Tendo, inicialmente, abraçado a carreira militar em Goa e de Goa para Damão, desertou e passou a viver, em Lisboa, uma vida boêmia e mundana. A publicação do poemeto "Pavorosa Ilusão da Eternidade" fê-lo cumprir 7 meses de prisão, em Limoeiro, por ordem do Santo Ofício. Egresso da prisão, entrou no Mosteiro de São Bento da Saúde e da Congregação de S. Filipe Néri. Foi aí que, arrependido de tanta devassidão, começou seu trabalho mais fecundo. Morreu em 1805, o mais eminente poeta português do século XVIII. Além de Várias Traduções, de a Pena de Talião – versos satíricos – escreveu as Rimas, sua obra principal, que contém 375 sonetos, dos quais 69 satíricos e 306 modulando temas elevados: amor, filosofia, moral, heroísmo. Manuel Maria Barbosa du Bocage foi considerado, quer pelas exclamações retumbantes, quer pela fantasia apaixonada, quer pela emoção ardente, o precursor do romantismo.

6
Rodrigues Lobo.

Nasceu em Leiria em 1580 e faleceu afogado no Tejo em 1622. A sua poesia caracteriza-se pelo ritmo melódico e pela metrificação exemplar. Escreveu: Romanceiro, Églogas, O Condestabre, A Primavera, O Pastor Peregrino, O Desenganado.

Vale a pena ler seu soneto mais famoso:

Fermoso Tejo meu, quão diferente
Te vejo e vi, me vês agora e viste:
Turvo te vejo a ti, tu a mim triste,
Claro te vi eu já, tu a mim contente.

A ti foi-te trocando a grossa enchente
A quem teu largo campo não resiste;
A mim trocou-me a vista em que consiste
O meu viver contente ou descontente.

Já que somos no mal participantes,
Sejamo-lo no bem. Oh! quem me dera
Que fôramos em tudo semelhantes!

Mas lá virá a fresca Primavera:
Tu tornarás a ser quem eras de antes,
Eu não sei se serei quem de antes era.

7
Antônio Gedeão.

Poeta, professor e historiador, Antônio Gedeão, pseudônimo de Rômulo de Carvalho, concluiu, no Porto, o curso de Ciências Físico-Químicas. Publicou estudos, como História da Fundação do Colégio Real dos Nobres de Lisboa (1959), O Sentido Científico em Bocage (1965) e Relações entre Portugal e a Rússia no Século XVIII (1979). Revelou-se poeta, com a obra Movimento Perpétuo. Escreveu mais. Teatro do Mundo (1958), Máquina de Fogo (1961), Poema para Galileu (1964), Linhas de Força (1967) e ainda Poemas Póstumos (1983) e Novos Poemas Póstumos (1990). Morreu em 1997.

8
Vinícius de Morais.

Nasceu no Rio de Janeiro em 1913 e aí bacharelou-se em Direito. Ingressou na carreira diplomática, conhecendo vários países. Poeta bastante popular, quer pelas poesias líricas, quer pelas letras de músicas populares, Vinícius evoluiu de uma poesia católica a uma poesia erótica onde a presença da mulher é constante. Faleceu em junho de 1980. A primeira fase de Vinícius, aquela dita mística, sofre grande influência de Schmidt e poetas franceses, com versos que lembram versículos, sérios e melancólicos.

Caminha o poeta para uma poesia sensual, sem preconceitos, popular, sem perder o tom artístico. Elabora uma poesia participante em defesa dos mais humildes.

9
João Ruiz de Castelo Branco.

Poeta português, de origem fidalga, contador da guarda, viveu no século XV. Consta que tenha frequentado a corte durante o reinado de Dom João II. Também consta ter ocupado o cargo de contador na corte de Afonso V. Tornou-se um dos mais importantes poetas do Cancioneiro Geral, graças à sua cantiga mais famosa:

Cantiga sua partindo-se

*Senhora, partem tão tristes
meus olhos por vós, meu bem,
que nunca tão tristes vistes
outros nenhuns por ninguém.*

*Tão tristes, tão saudosos,
tão doentes da partida,
tão cansados, tão chorosos
da morte mais desejosos
cem mil vezes que da vida.*

*Partem tão tristes os tristes,
tão fora d'esperar bem,
que nunca tão tristes vistes
outros nenhuns por ninguém.*

10
Machado de Assis.

Nasceu no Rio de Janeiro em 1839 e aí morreu em 1908. Filho de um mulato e de uma lavadeira portuguesa, atingiu o posto mais alto na literatura brasileira e é hoje considerado o grande escritor nacional. Trabalhou como tipógrafo na Imprensa Nacional e como revisor e colaborador do Correio Mercantil. Casou-se com Carolina Xavier de Novais, com quem iniciou sua fase madura e genial. Ocupou cargos importantes no Ministério da Agricultura e Viação. Fundou a Academia Brasileira de Letras e foi seu primeiro presidente. Sua origem humilde, a timidez, a epilepsia, a gagueira, nada o impediu de ascender à mais alta posição da intelectualidade brasileira. Sua produção, quer em verso, quer em prosa, está à altura de qualquer obra internacional da época. Autodidata e pobre, Machado de Assis, pelo seu próprio esforço e perseverança, atingiu as culminâncias da arte literária, aprendeu vários idiomas e familiarizou-se com as obras-primas da literatura universal. Seu estilo sóbrio, equilibrado, correto, nobre, é repassado de humor finíssimo e revela um pessimismo tranquilo, uma descrença sem desespero, tudo com maturidade. O homem discreto, observador e conhecedor da alma humana, revela em suas obras profunda sondagem psicológica. Os estudiosos costumam dividir a obra de Machado de Assis em duas fases:

Primeira fase

Na prosa: *Ressurreição, A Mão e a Luva, Iaiá Garcia, Contos Fluminenses, Histórias da Meia-Noite.*

Na poesia: *Crisálidas, Falenas, Americanas.*

No teatro: *Os Deuses de Casaca, O Protocolo, Queda que as Mulheres Têm para os Tolos, Quase Ministro, Caminho da Porta.*

Estas são as obras ditas românticas.

Segunda Fase

Na prosa: *Memórias Póstumas de Brás Cubas, Quincas Borba, Dom Casmurro, Esaú e Jacó, Memorial de Aires.*

11
Antônio Nobre.

Nasceu no Porto em 1867 e faleceu em Carreiros em 1900. "Só" é a obra imortal de Antônio Nobre. Ausentou-se da pátria para estudar em Paris; a tuberculose encontrou-o cedo demais, eis por que seus versos vêm impregnados de dor e sofrimento:

Ó Dor! Ó Dor! Ó Dor! Cala, ó Job, os teus ais,
Que os tem maiores este filho de seus pais!
Ó Cristo! cala os ais na tua ígnea garganta,
Ó Cristo! que outra dor mais alto se alevanta.

A morte prematura impediu que Nobre chegasse à grandiosidade literária prometida por seu talento. Este soneto prova o que dizemos:

Virgens que passais, ao Sol-poente,
Pelas estradas ermas, a cantar!
Eu quero ouvir uma canção ardente,
Que me transporte ao meu perdido lar.

Cantai-me, nessa voz onipotente,
O sol que tomba, aureolando o Mar
A fartura da seara reluzente,
O vinho, a graça, a formosura, o luar!

Cantai! Cantai as límpidas cantigas!
Das ruínas do meu lar desaterrai
Todas aquelas ilusões antigas

Que eu vi morrer num sonho, como um ai....
Ó suaves e frescas raparigas,
adormecei-me nessa voz... Cantai!

12
Sá de Miranda.

De origem nobre, Francisco de Sá de Miranda nasceu em Lisboa 1481. Estudou Direito na Universidade de Lisboa. Dada sua condição de nobreza, frequentou a corte, agradando a todos com sua Trovas, Poesia Clássica e Peças Teatrais. Em 1521, fez uma viagem à Itália. Esta viagem é um marco histórico na cultura da poesia clássica portuguesa. Naquele país, pôde Sá de Miranda conviver com a cultura renascentista e levar a Portugal aquele ideais do classisismo Português. Introduziu, então, em Portugal as formas literárias típicas do renascimento: soneto, terceto, oitava, canção, écloga, elegia, o metro decassílabo e a comédia de estrutura clássica. Presume-se que tenha falecido em 1558.

Respostas

1.	A	26.	B	51.	B	76.	C	101.	E	126.	E	151.	D	176.	D
2.	B	27.	D	52.	D	77.	D	102.	D	127.	D	152.	D	177.	B
3.	C	28.	B	53.	A	78.	A	103.	A	128.	E	153.	A	178.	B
4.	E	29.	C	54.	C	79.	D	104.	C	129.	E	154.	B	179.	C
5.	D	30.	A	55.	E	80.	C	105.	C	130.	D	155.	E	180.	E
6.	C	31.	A	56.	B	81.	D	106.	D	131.	B	156.	A	181.	D
7.	A	32.	A	57.	A	82.	B	107.	A	132.	E	157.	E	182.	C
8.	C	33.	C	58.	E	83.	E	108.	B	133.	B	158.	C	183.	B
9.	B	34.	E	59.	C	84.	B	109.	B	134.	A	159.	E	184.	C
10.	E	35.	C	60.	D	85.	D	110.	E	135.	C	160.	A	185.	D
11.	D	36.	D	61.	B	86.	D	111.	B	136.	B	161.	C	186.	E
12.	D	37.	B	62.	D	87.	B	112.	C	137.	B	162.	C	187.	D
13.	C	38.	A	63.	E	88.	E	113.	B	138.	A	163.	C	188.	E
14.	A	39.	B	64.	E	89.	D	114.	A	139.	A	164.	D	189.	E
15.	B	40.	D	65.	B	90.	A	115.	C	140.	C	165.	A	190.	D
16.	C	41.	E	66.	A	91.	D	116.	E	141.	C	166.	E	191.	D
17.	E	42.	C	67.	C	92.	A	117.	E	142.	C	167.	B	192.	C
18.	A	43.	B	68.	B	93.	B	118.	C	143.	A	168.	D	193.	E
19.	A	44.	B	69.	C	94.	E	119.	D	144.	C	169.	A	194.	C
20.	B	45.	A	70.	E	95.	A	120.	E	145.	D	170.	B	195.	E
21.	E	46.	B	71.	A	96.	D	121.	D	146.	B	171.	C	196.	C
22.	D	47.	A	72.	A	97.	D	122.	D	147.	B	172.	A	197.	E
23.	B	48.	A	73.	D	98.	C	123.	A	148.	B	173.	C	198.	E
24.	E	49.	A	74.	B	99.	A	124.	B	149.	D	174.	E	199.	C
25.	D	50.	A	75.	E	100.	A	125.	E	150.	E	175.	C	200.	A

Bibliografia

"Para uma leitura da Lírica Camoniana"
Antônio Moniz
Editora Presença – Lisboa
Da Coleção textos de apoio.

"Camões Lírico"
Avelino Soares Cabral
Sebenta Editora – Lisboa

"Lírica de Camões"
Organizada por Margarida Diniz e Tereza Brandão Oliveira
Edição da papelaria Bonanza – São João do Estoril Portugal

"Camões Lírico"
Antônio Afonso Borregana
Texto Editoria – Lisboa

"Sonetos de Camões"
Edição de notas por Cleonice Serôa da Motta Berardinelli
Centro Cultural Portugais Lisbonne – Paris
Fundação Casa de Rui Barbosa – Rio de Janeiro – 1980

"Provas Globais de Português"
Avelino Soares Cabral
Edições Sabenta – Lisboa

"Luís de Camões – O Lírico"
Hernani Cidade
Editora Presença – Lisboa

"Luís de Camões, Estudo e Antologia"
Antônio José Saraiva
Livraria Bertrand – Amadora – Portugal

"Camões"
José F. Valverde
Livraria Almeida Coimbra

"O Problema da incredulidade no século XVI"
Lucien Febvre
Editora Companhia das Letras.

"Curso de Redação"
Jorge Miguel
Editora Harbra Ltda.

"Curso de Literatura"
Jorge Miguel
Editora Harbra Ltda.

"Das Origens ao Arcadismo"
Jorge Miguel
Editora Harbra Ltda.

"Do Romantismo ao Simbolismo"
Jorge Miguel
Editora Harbra Ltda.

"Modernismo"
Jorge Miguel
Editora Harbra Ltda.

"Curso de Língua Portuguesa"
Jorge Miguel
Editora Harbra Ltda.

"Estudos de Língua Portuguesa"
Jorge Miguel
Editora Harbra Ltda.

"Manuel Bandeira"
Jorge Miguel
Editora Harbra Ltda.

Crédito da Fonte

Das 200 questões em forma de teste, 44 delas foram elaboradas com as informações contidas em livros especializados na obra lírica camoniana. Dos livros foram extraídos o texto para compor o "caput" da pergunta ou a alternativa que responde, corretamente, à questão. Abaixo, a relação dos livros que serviram de fonte, seguidos das questões que colheram daqueles livros as preciosas informações.

Do livro "Sonetos de Bocage"
Introdução ao estudo da obra
Maria João Rodrigues e Valdemiro Rodrigues

Edições Bonanza

São João do Estoril – Portugal

Páginas 42 – 45
Questões 1 – 2 – 3 – 4 – 5 – 6 – 7 – 8 – 9 – 10 – 11 – 16 – 17 – 18 – 19

Do livro "Camões Lírico"
Avelino Soares Cabral

Sebenta Editora – Lisboa

Páginas 35 e 36
Questões 44 – 45 – 46 – 47 – 48 – 49

Do livro "Provas Globais de Português"
Avelino Soares Cabral

Edições Sebenta – Lisboa – 11º ano

Páginas 77 – 79
Questões 87 – 88 – 89 – 90 – 91

Do livro "Camões Lírico"
Antônio Afonso Borregano

Texto Editora - Lisboa

Páginas 31 – 33
Questões 99 – 100 – 101 – 102 – 103 – 104 – 110

Do livro "Provas Globais de Português"
Avelino Soares Cabral

Edições Sebenta Lisboa – 10º ano

Páginas 13 – 15
Questões 127 – 128 – 129 – 130 – 131 – 132 – 133 – 134 – 135 – 136 – 137

www.dvseditora.com.br